## 図解 一般家庭から土地持ちまで
# 生前対策まるわかりBOOK

【最新版】40年ぶりの相続法改正に対応

著者
(社)相続遺言生前対策支援機構

代表理事　**黒田 泰**
税理士　　**清田 幸弘**
弁護士　　**森田 雅也**
公認会計士　**妹尾 芳郎**
民事信託コンサルタント　**石脇 俊司**

監修
弁護士　**元榮 太一郎**

# はじめに

　最近、「生前対策」や「終活」といった言葉をテレビのニュースや雑誌の記事で目にする機会が多くなってきました。

　その1つの理由として、「老後の生活スタイルや家族に残す財産の処分方法は自分で決めたい」「老後の住まいや生活する場所は、できるだけ自分が元気なうちに方針を決めたい」「残された家族や親族にはできるだけ迷惑をかけたくない」といった価値観が広まってきているからではないでしょうか。

　2010年頃までは、優良老人ホームの入居相談は、子供世代（50〜60代）が中心でしたが、現在では親世代（70〜80代）が自分で施設見学をして自分で入居先を決めるという流れが8割以上とも言われています。つまりは、この10年で施設選びはシニア層が自分で選ぶ時代になってきたということです。また、財産の処分方法を定める遺言書の作成件数も年々増えており、最近では10人に1人の割合で遺言書を作成しているとも言われております。このほか、子供に宗教や墓地の管理で迷惑を掛けなくないと先祖代々のお墓を更地に戻す「墓じまい」が増加している社会情勢もあります。

　このように、老後の生活スタイルや家族に残す財産の処分方法は「自分で決める」といった価値観が様々な分野で広がりつつあります。著者自身、こうした短い期間におけるシニア層の意識の変化や伝統的な思想観の変化に素直なところ驚きを隠せないのが本音でもあります。

　本書のタイトルにある「生前対策」という言葉自体は、ときどき耳にするようになりましたが、関連する分野が非常に広範囲にわたるため、具体的にはどんな分野でどんな対策をしたら良いのか、非常に分かりづらいところではないでしょうか。

本書では、「生前対策」について、相続対策、遺言書の活用、相続トラブル対策、相続税対策、生前贈与の活用と注意点、成年後見と認知症対策、民事信託の活用、終活に関する生前契約、身元保証と施設の入所、現代の葬儀供養といった多角的な側面から、それぞれの分野の専門家に関与してもらって解説しております。

　文中においては、できるだけ法律用語や専門用語を使わず、そしてできるだけイラストを多用することで分かりやすく解説することを心掛けて内容をまとめました。また「家族信託」「相続法改正」などの最新の法律手続きも盛り込んでおります。巻末には、信頼できる地域における法律家のご紹介も付記しております。こちらもどうぞご参考ください。

　この本をお読みになった方が、「生前対策」についての理解を深められ、元気にそして安心して「人生100年時代」を送られるよう、本書を活用していただけますと幸いでございます。

筆者一同

生前対策 まるわかり BOOK　目次 CONTENTS

はじめに　002

# 相続対策

1　相続人を確認しよう　010
2　不動産の相続〜自宅の遺産分割は難しい！〜　012
3　不動産の評価と相続　014
4　遺産分割協議は争いの始まり!?　016
5　相続対策と認知症　018

# 遺言書の活用

1　遺言書の基本を知ろう！　022
2　おすすめは公正証書遺言!!　024
3　民法改正！自筆証書遺言が変わる！　026
4　遺言書を書いたほうが良い人とは？　028
5　遺言書を書けなくなる日が来る!?　030
6　危機的状況時は一般危急時遺言　032
7　遺言執行者は必ず指定して！　034
8　専門家と信託銀行どちらに依頼する？　036

**コラム**　死亡者の10人に1人が遺言書を作成している!?　038

# 相続トラブル対策

1　よくある遺産相続トラブルとは？　040
2　介護の苦労は報われる？〜寄与分〜　042

3 遺産は取り戻せる！〜遺留分〜　044
4 生前贈与は遺産に含む？〜特別受益〜　046
5 法律改正で相続のルールが変わる！　048

**コラム** 相続法の改正　050

# 相続税対策

1 相続税の計算は国がやってくれない　054
2 相続税を計算してみる　056
3 非課税財産と各種控除　060
4 今から始める相続税対策　062
5 相続税額を変える土地の評価方法　064
6 最大8割減！小規模宅地等の特例　066
7 生命保険は万能薬　068
8 不動産管理会社でどう節税するか？　072
9 納税資金に困らないために！　076

**コラム** 相続税の申告書を見直すと税金が戻ってくる事があります　078

# 生前贈与の活用と注意点

1 生前贈与を上手に活用しよう！　082
2 いつのまにか暦年贈与が連年贈与に　084
3 配偶者への贈与は本当にお得か？　086
4 相続時精算課税制度って何？　088

005

5 住宅取得等資金の贈与はおすすめ！ 090
6 孫への優しさ!? 教育資金贈与 092
7 亡くなる前3年以内の贈与は要注意！ 094

## 成年後見と認知症対策

1 成年後見制度とは？ 098
2 任意後見契約〜後見人を事前に決定〜 100
3 意外と高額？成年後見人の報酬 102
4 後見人に関する現代のトラブル 104

**コラム** 成年後見制度の活用の前に再確認！ 106

## 家族信託の活用

1 家族信託ってどんな制度？ 108
2 成年後見制度と家族信託 110
3 不動産売却と家族信託 112
4 資産の承継と家族信託 114
5 自社株の承継と家族信託 116
6 親なき後の問題と家族信託 118
7 家族信託（金銭信託） 120

**コラム** 老人ホームへの入居と不動産売却 122
**コラム** 障害者支援と家族信託 124

## 終活に関する生前契約

1 終活に関するテーマとは　126
2 老後の生活と老人ホーム　128
3 財産管理契約と任意後見契約　130
4 医療・介護に関する意思表示　132
5 葬儀供養に関する生前契約　134
6 死後事務委任契約　136

**コラム** 死後事務委任契約の対象となる手続きとは？　138

## 身元保証と施設の入居

1 身元保証の問題とは　140
2 身元保証と生前契約　142
3 身元保証を依頼する会社の選び方　144

## 現代の葬儀供養

1 多様化する葬儀　150
2 改葬と様々な納骨方法　152

**コラム** 葬儀費用の平均額は140万5,000円以下　154

**巻末付録　専門家紹介**　155

007

# 第1章 相続対策

- 1 相続人を確認しよう
- 2 不動産の相続〜自宅の遺産分割は難しい！〜
- 3 不動産評価と相続
- 4 遺産分割協議は争いの始まり!?
- 5 相続対策と認知症

# 1 相続人を確認しよう

## ●自身の相続人を知る

生前対策の一環として、相続対策を考える場合には、**誰が自分の相続人になるか**を正確に把握する必要があります。法律では明確に相続人が決められていますので、まずは法定相続人を確認していきましょう。

### 【配偶者がいる場合】 ＊数字は法定相続割合

第一順位　配偶者と子供

子供が亡くなっている場合は孫、孫が亡くなっている場合は曾孫と代襲します。※認知している子は被相続人が男性の場合のみ

第二順位　配偶者と親

父母が両方が亡くなっている場合、祖父、祖母が生きていれば、祖父、祖母が相続人になります。

第三順位　配偶者と兄弟姉妹

兄弟が亡くなっている場合は甥、姪に代襲しますが、その先は代襲しません。

＊直系尊属は死亡

## 【配偶者がいない場合】 ＊数字は法定相続割合

### 第一順位　子供（直系卑属）

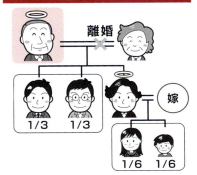

配偶者と離婚していても、子供は相続人になります。

### 第二順位　親（直系尊属）

子供がいない場合は親が相続人です。どちらかの親が存命な時は祖父母に代襲しません。

### 第三順位　兄弟姉妹

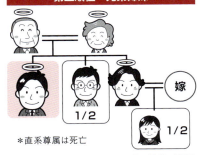

＊直系尊属は死亡

親や祖父母が亡くなっている時は兄弟が相続人です。

### 相続人がいない場合

**特別縁故者、次に共有者の後に、国に帰属**

相続債権者や受遺者に対する清算手続後、特別縁故者に続いて共有者もいない場合、国に帰属されます。

**配偶者はどんな時でも相続人になります。** なかでも、配偶者＋「両親or兄弟」が相続人というのは、遺産分割の話し合いがまとまらず相談に来る方が非常に多いのです。そのようなことが起こらないよう遺言書を準備することを強くお勧めします。

# 不動産の相続
## ～自宅の遺産分割は難しい！～

**これが理解できればOK!!**
▶ 自宅が遺産のメインだと遺産分割は厄介に
▶ 法定相続分は主張できる
▶ 代償金で遺産を平等に分割できる

## ●相続人の1人が居住する自宅の相続は難しい！

　一般家庭の相続において、遺産全体のうち大きな割合を占めているのが、自宅不動産となっている場合も少なくありません。==この自宅不動産に相続人の一人が居住している場合、悩ましい遺産分割となってしまうケースがあります。==田中さん一家の例でみてみましょう。

**田中さん一家の状況**

田中さん一家は4人家族です。父親は既に他界しており、長男は、母親の介護のために実家の不動産（母名義）をリフォームし、2世帯にして母親と10年以上同居してきました。今回は母親が被相続人、母親と同居している兄、すでに家をでて家庭を持っている弟、2人が相続人です。なお長男と一緒に嫁も同居しています。

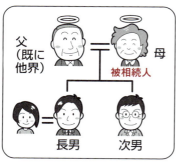

＊リフォームした部分建物の固定資産税評価額は含まれない。

家は売りたくない。家を売らずに現金だけで弟には納得してほしい。

権利は自分も平等だし、法定相続分を主張したい！

## 【遺産を兄弟同じ割合で分ける方法】

### ①1／2ずつ登記し、現金も分ける

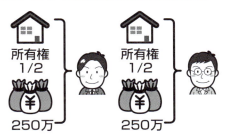

権利上1/2ずつになりますが、現在長男夫婦が住んでいるため次男は自由に使えない上、今後の不動産管理や相続が複雑になります。

### ②家を売却する

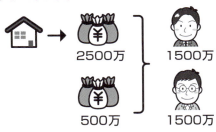

家を売却し、売却金と現金を合わせて、1／2ずつ分ける方法です。平等にはなります。
しかし住み続けたい長男の希望は叶えられず、現金を受け取って住み慣れた実家を出ていくことに…。

### ③家を売らずに代償金を支払う

現金を次男が受け取り、長男が不動産を相続しますが、差額を長男の財産より支払います。長男に1000万円の財産があれば可能です。

　長男の立場としてみると、両親のために実家をリフォームして同居してきたが、相続によって弟との関係が悪化し、代償金1000万円を求められたり、実家を売却するため、立ち退きせざるを得ない状況に追い込まれてしまっては、非常に厳しいところです。
　安心の生活を維持するためにも、両親と今後の相続対策について話をしておくことがポイントになります。

# 3 不動産の評価と相続

**これが理解できればOK!!**
▶ 遺産分割時の不動産評価額は固定資産税評価額を目安として使うことが多い
▶ 相続時の不動産評価は難しい

## ●遺産分割における「不動産の評価」は難しい

　相続財産のメインとなりやすい不動産。不動産をどう評価するかによって、遺産分割の内容が変わってくるでしょう。**相続税申告の計算には「路線価評価額」、売買の際には「実売価格」になります。** 遺産分割における不動産の評価基準は、法律上定められておらず、相続人間の話し合いで決めなければいけません。ここでは一般的な5つの評価方法と基準をお伝えします。

### 【価格の種類】

#### ①固定資産税評価額
各自治体が固定資産税を徴収するために定めた土地、建物の評価です。毎年4月頃に市区町村の役所より、納税通知書とともに評価額が送られてきます。一般家庭の大半は遺産分割協議の際に、この評価額を目安にします。

#### ②路線価評価額
相続税の課税対象となる土地は路線価を基準として計算します。毎年7月1日に国税庁が発表します。公示価格の8割程度です。

#### ③公示価格
国土交通省が地価公示法に基づいて発表する土地価格の基準値です。毎年1月1日を基準とし、同年3月下旬に発表されています。不動産鑑定士の調査により土地鑑定委員会で審査、決定する価格です。

014　第1章 ▷▷▷ 相続対策

### ④実勢価格（実売価格）

実際に売買した際の取引価格です。時価とも言います。近隣で取引がある場合は参考にしやすい価格ではありますが、必ずしも同等の金額で売却できるとは限りません。

### ⑤不動産鑑定士による価格（鑑定評価）

不動産鑑定士がその土地家屋を公平中立に査定する価格です。不動産評価額が争点になるような時に公平な基準として用いられます。鑑定内容により数十万円〜百万円程度の費用がかかります。

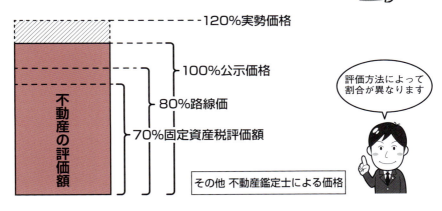

## 【状況に応じた一般的な基準（目安）】

**円滑な遺産分割**
固定資産税評価額
金額が明確なため、参考にしやすいです。

**相続税申告が必要**
土地は路線価
建物は固定資産税評価額を使います。

**調停に発展した**
不動産鑑定士による価格
評価額が決まらない時、家庭裁判所選任の不動産鑑定士の価格を基準とします。

このように、不動産の評価は非常に悩ましい側面があります。生前対策の一環で「誰に何を」を決めておきましょう。

# 4 遺産分割協議は争いの始まり!?

### これが理解できればOK!!
- ▶遺言書があれば遺産分割協議は不要
- ▶なければ相続人全員で遺産分割協議
- ▶話し合いがまとまらないと遺産分割調停に!?

## ●相続人全員参加の遺産分割協議

相続が始まると避けて通れないのが**遺産分割協議**（遺産分割に関する話し合い）です。**遺産分割協議は原則全員参加で、遺産分割の内容をまとめていく必要があります。**しかしながらお金が絡む話ってとても難しいですね！ 特に日本人は白か黒かはっきり決めることが苦手かもしれません。中には親族同士で裁判所で争うことになったケースも……。そのようなことが起こらないよう、今から争いの種の対策を考えておきましょう。

### 【相続手続きの進め方】

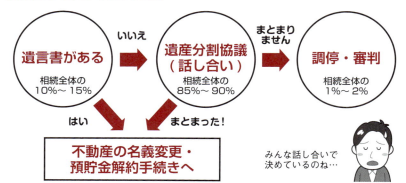

**まず初めに遺言書の確認を！**
遺言書があれば遺産分割協議を行うことなく、相続手続きができるほか、故人の遺志も反映できます。

## 【遺産分割調停になってしまった事例】

例）遺産である土地の上に住んでいる長男が話し合いに応じない

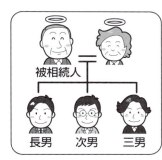

### 法定相続分で分けると

 1000万円

 1000万円

1000万円

土地が2000万円なので、売却をするか代償金を支払わなければ分けられない

　家を売るなんて絶対嫌だ！代償金も払わない！このまま住み続けるぞ。

　俺たちだって現金を500万円ずつだけじゃ納得いかない！

**結果**　話し合いをすることができず遺産分割調停に発展。兄弟仲は最悪の状態に…

　わしがちゃんと遺言書で決めておくべきだった…

### その他　注意が必要な例

○相続人の一人が相続財産を開示してくれない。
○介護を理由に遺産の大半を受け取りたいと主張してくる。
○異母兄弟がいてほとんど話をしたことがない。

　被相続人の立場からすると、遺産で親族がバラバラになってしまうのは心外かもしれません。遺言書があれば余計な争いを行わずに済んだケースも沢山あります。遺産を遺したい場合、遺言書もセットで残すと覚えておいてください。

# 5 相続対策と認知症

**これが理解できればOK!!**

▶将来的に5人に1人は認知症の可能性が!?
▶認知症になると生前対策ができない
▶生前対策は1日も早く始めよう

## ●高齢者の5人に1人は認知症

　超高齢化社会の日本に忍び寄る大きな問題。そう、認知症です。厚生労働省の報告によると2025年には65歳以上の高齢者の5人に1人は認知症を発症しているのではないかと言われています。認知症というのは生前対策や、相続手続きに関しても非常に厄介な問題なのです。

　認知症になると生前対策において以下のことができなくなります。

### ①遺言書が作れなくなる

○意思能力が認められないと遺言書を作成できません。

○遺言書がないと死後、親族同士で遺産相続争いが起こることも。

### ②生前贈与ができなくなる

○子供や孫に贈与を考えていたとしても、認知症だと行えません。

○贈与契約書の作成ができなくなり、贈与行為の証明もできません。

### ③不動産の管理や処分ができない

〇不動産を所有していたとしても、売却の手続きができなくなります。

〇老人ホームの資金作りを考えていても手続きができずに困ることも。

### ④税金対策ができない

〇相続税の節税対策の方法が取れなくなります。

〇遺産分割協議書の押印を自分自身で行えず、節税を意識した分割方法を選べなくなります。

### ⑤個別の委任契約を結べなくなる

〇財産管理のための信託契約を結べなくなります。

〇亡くなった後の手続きを依頼する死後事務委任契約ができません。

## 認知症になると生前対策ができなくなります。

　認知症になるとこの本に書いてある生前対策ができなくなると考えてください。本人は認めにくい、認めたくないのが認知症です。そのため、気づかないうちに少しずつ進行していることもあります。そうならないうちに、今すぐ生前対策を始めましょう。次章より具体的な対策方法をご紹介していきたいと思います。

第1章　相続対策

# 第2章
# 遺言書の活用

1 遺言書の基本を知ろう！
2 おすすめは公正証書遺言!!
3 民法改正！自筆証書遺言が変わる！
4 遺言書を書いたほうが良い人とは？
5 遺言書を書けなくなる日が来る!?
6 危機的状況時は一般危急時遺言
7 遺言執行者は必ず指定して！
8 専門家と信託銀行どちらに依頼する？

# 1 遺言書の基本を知ろう！

## ●遺言書とは？

　遺言書は、一般的に「ゆいごんしょ」または「ゆいごん（いごん）」と呼ばれ、死後に残る自分の財産を「誰に」「何を」「相続させる」などを書き記す法律上の文書です。遺言書が、どのようなものかは、多くの方がイメージできると思います。

　しかし、実際には民法960条から始まる条文に、遺言書の法律上の形式（書き方）が定義されていますので、それに沿って法的に正しい遺言書を作成しなければ、その遺言書は無効になってしまう可能性もあります。ですから、きちんと法律の専門家に確認してもらって有効な遺言書を遺すことが重要となります。

## ●遺言書は、「遺書（いしょ）」ではありません！

　テレビドラマでは、ときどき最期の時に「遺書」などが出て来ると思いますが、遺言書は「遺書」ではありません。ですから、縁起の悪いものではありません。また個別の想いを書きたいのであれば、それはお手紙として遺されることが良いと思いますが、「遺言書」として法的に有効な「誰に」「何を」「相続させる」等の意思を遺したいのであれば、きちんとした形式で作成する必要があります。

## 【遺言書の活用について押さえておくべきこと】

### ①遺言書には種類があります！

通常、遺言書は主に方式の異なる2つの方法で作成されます。それぞれのメリット・デメリット等を知り、どの形式で作るべきか考えてみてください。また緊急時だけ作成できる遺言書を紹介します。

### ②遺言書には書いたほうが良い人と書くための条件があります

遺言書を書かなかったために、親族がトラブルに巻き込まれるケースが多々あります。ご自身に当てはまるかチェックしてみてください。また法律で遺言書が作れない人が決まっているのであわせて確認しましょう。

### ③遺言書作成の時には、遺言執行者の指定を一緒に

遺言執行者とはその名の通り、遺言の内容に沿って実行してくれる人です。遺言執行者の指定は遺言書作成時に行う必要があります。遺言執行者の役割や適している人などをお伝えします。

　この章では、遺言書の種類、書き方、メリット等をご紹介していきます。最近では、ご自身が亡くなった後のこともきちんとしておきたいと遺言書を遺す方が非常に増えています。元気なうちに、法律に沿った遺言書を書くことを検討しましょう。

第2章　遺言書の活用

# 2 おすすめは公正証書遺言!

**これが理解できればOK!!**
- ▶ 公正証書遺言が圧倒的にお勧め
- ▶ 自筆証書遺言の利用率は1％未満
- ▶ 実はリスクが多い自筆証書遺言

## ●遺言書は迷わず公正証書遺言で

　遺言書には自筆証書遺言、公正証書遺言の主に2種類があります。自筆証書遺言は遺言者本人が手書きで作成します。それに対し公正証書遺言は公証人が遺言者より遺言の内容を聞き取り、それを文章にしたものを読み上げます。確認後、遺言者と公証人と2人の証人が、署名と押印をして完成です。

　専門家の見解としては、公正証書遺言をお勧めしています。自筆証書遺言は手軽に思えますが、実際に検認が行なわれた遺言書は亡くなった人の1％程度で、逆を言えば99％使われていないのです。

### 【自筆証書遺言と公正証書遺言の利用者数】

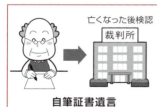

自筆証書遺言
検認件数　1万7千件
（平成29年度）

公正証書遺言
作成件数　約11万件
（平成29年度）

平成29年度の死亡者数は約134万人！
有効となった自筆証書遺言は1％少々です！

## 【自筆証書遺言にはこんなリスクが！】

### ①自分で書いて方式ミス。遺言書が無効に

せっかく作成しても、遺言書の方式に沿っていないと無効に。法律の知識がないと、意思を反映した遺言書を作れないことも。

### ②納得のいかない相続人が破ってしまった！

相続人の一方に有利になる遺言書を作ったら、不利になる相続人が破棄してしまい、遺言書がなかったことにされてしまった。

### ③信頼できる人に預けたけど、行方不明

遺言書の保管をお願いしていたけれども、保管方法が悪くなくされてしまった。結局遺産分割協議を行うことに。

### よって公正証書遺言を選ぶべきです！

①専門家が作成するのでミスなし！
②破られても原本が公証役場にあり！
③相続開始後、公証役場で原本を検索、取り寄せができる！

安心して作れるのね

　さて、あなたの遺言書ですが、リスクを冒しても自筆にしますか？ 間違いのない安心をとりますか？ もう一度言います。専門家としてお勧めの形式は圧倒的に公正証書遺言です！

第2章　遺言書の活用

# 3 民法改正！自筆証書遺言が変わる！

**これが理解できればOK!!**
- ▶ 相続法の改正で自筆証書遺言が利用しやすく！
- ▶ 法務局で遺言書を預かってくれることに
- ▶ 遺言書で大切なことは正確性と実現性

## ●民法が見直され自筆証書遺言はどうなる？

　2018年7月13日、民法及び家事事件手続法の一部を改正する法律が公布されました。自筆証書遺言に関するものは2019年1月3日、2020年7月10日に施行されます。この改正により自筆証書遺言はどのように変わるのでしょうか？

### 【自筆証書遺言の変更】

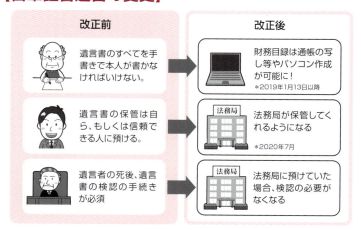

| 改正前 | 改正後 |
|---|---|
| 遺言書のすべてを手書きで本人が書かなければいけない。 | 財務目録は通帳の写し等やパソコン作成が可能に！ ＊2019年1月13日以降 |
| 遺言書の保管は自ら、もしくは信頼できる人に預ける。 | 法務局が保管してくれるようになる ＊2020年7月 |
| 遺言者の死後、遺言書の検認の手続きが必須 | 法務局に預けていた場合、検認の必要がなくなる |

従来の自筆証書遺言の場合、検認の手続きが遺言書を使って相続手続きを進めるために必ず必要でした。
**しかし今後、法務局に預けた自筆証書遺言と預けてない自筆証書遺言では、相続開始後の対応が異なります。**

## 【自筆証書遺言の改正】

① 財産目録はパソコン作成等が可能に
② 生前に法務局に預けられる。預けた遺言書は検認の手続きが不要

便利になるのね！

|  | 自筆証書遺言 | 自筆証書遺言（改正後） | 公正証書遺言 |
| --- | --- | --- | --- |
| 作り方 | 遺言者が全文、日付、氏名を自筆し、押印する | 基本自筆だが、財産目録はパソコン作成や通帳の写し等でも可 | 公証役場にて、公証人に口述し作成してもらう（証人が2人必要） |
| 費用 | かからない | 現在のところ未発表<br>※法務局での保管制度を利用した場合 | 公証人への手続き費用（3～10万円程度） |
| 保管方法 | 本人および知人など | 法務局で保管できる<br>※法務局での保管制度を利用した場合 | 正本、謄本は本人の手元に。原本は公証役場で保管 |
| 内容の正確性 | 遺言者の知識次第 | 遺言者の知識次第<br>（法務局での保管制度を利用した場合、方式は遺言書保管官により審査） | 法律のプロが作るため正確性が高い |

残念ながら、内容の正確性だけは
自筆証書遺言では改善されません…。

遺言書は将来争いが起こらないか、相続税で損をしないかなど、いろいろ考えて作る必要があります。

　民法の改正により、自筆証書遺言を利用する人が増えそうですね。しかしながら、遺言書で一番大切なのは内容の正確性と実現性です。効力のある遺言書を作成し、将来、確実に実行されるように備えましょう！

# 4 遺言書を書いたほうが良い人とは？

**これが理解できればOK!!**
- ▶ 遺産が少額でも争いは起きる！
- ▶ 子供の一人と同居している人はすぐ準備
- ▶ 自分の財産は最後まで責任をもって！

## ●遺言書は大げさだと思っている人こそ要注意

「うちには財産がないし、家族もみんな仲良しだから遺言書は必要ないよ」と思っている、そこのあなた！ 遺産相続争いは必ずしも莫大な財産を持っている家だけの話ではなく、ごくごく普通の一般家庭に起こっているのです。実は財産の多さ以外にも遺言書を書かなければならない事情はたくさんあります。

### 【遺産分割事件のうち認容・調停成立件数の価格割合】

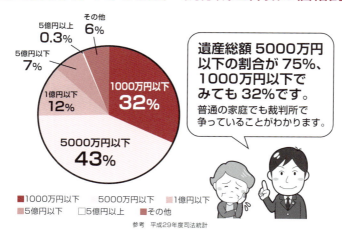

参考 平成29年度司法統計

→ 1000万円以下の遺産総額でも遺産分割調停が起きている現状！
**遺産金額が少なくても争いは起こりうるのです！**

## 【将来トラブルになりやすい状況】

### ①推定相続人同士が異母兄弟等

親が再婚し、別に子供がいるケースも現代では珍しくありません。普段から交流のない異母兄弟は複雑な思いを抱えている場合もあるので、遺産分割の話し合いも一筋縄ではいかないことが多いです。

### ②配偶者＋親、兄弟が推定相続人

配偶者がいても子供がいない場合、相続権は配偶者と実親もしくは兄弟になります。配偶者がそれら推定相続人と遺産の話し合いをするのは容易ではありません。最悪、話し合いがつかず、調停等に発展してしまうことも。

### ③推定相続人の一人と同居

最も身近に起こりえるパターンです。
遺産のメインが推定相続人の一人と同居していた自宅となると、ほかの兄弟とうまく分割できず、家を売りに出さざるをえない結果になってしまうかもしれません。

**自分の財産に対して最後まで責任をもって！**
財産を少しでも残すのなら、誰に渡したいかを考えることも大事です。財産があるがゆえに不幸になってしまった家庭があることを忘れないでください。

　昭和22年までは、長男が家督のすべてを引き継ぐという法律（家督相続）でしたが、**現在の民法では遺言書がないと、相続人が話し合いで分け方を決めなければいけません。**何百万ものお金が動くとき、どんな人でも冷静な判断を欠くことが多いです。残された家族が幸せに暮らすためにも、遺言書を準備することは必須と言えるでしょう。

# 5 遺言書を書けなくなる日が来る!?

**これが理解できればOK!!**
▶ 遺言書は遺言能力がないと作れない
▶ 認知症の方の遺言書は作成が難しい！
▶ 無理やり書かせると相続権を失う

## ●遺言書は書けない人がいる

　自らの意思を反映させることは遺言書の前提です。しかしながら、老齢になるとひとつ大きな問題が発生します。それは認知症という問題です。有効となる遺言書を作成するにはいくつか条件があります。**ひとつは15歳以上であること。**もう一つは**遺言能力を有していること**です。遺言能力とは**遺言の内容を理解し、その結果どのような効力が生じるか理解する能力**です。この能力の有無が作成可能かどうかの焦点になります。

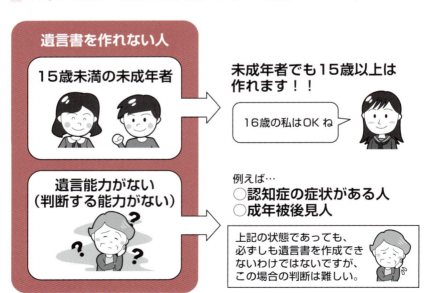

030　第2章 ▷▷▷ 遺言書の活用

**遺言能力の有無を見極めるのは難しい！**
認知症や成年被後見人であっても一時的に回復が見込まれ、遺言能力があると認められれば遺言書を作れる可能性があります。

 **しかし、後々遺言書の有効性を争うことになるかも‥そのために**

### ①公正証書遺言で作成する
公証人は作成前に遺言能力があるか確認します。

### ②医者の診断書を用意する
公正証書を作る際に公証人から提出を求められることもあります。

### ③遺言書作成時は録画で取っておく
争いになった際に証拠資料になります。

絶対無理やり書かせたり、偽造してはいけません！
そのようなことをし、立証されると相続欠格となり、一切の相続権を失います。（遺言書も無効です）

第2章 遺言書の活用

　財産をどう分けるかは健康で仲の良い家族であっても大変な作業です。遺言書は何度も作り直しができ、日付の新しいものが効力を持ちます。早めに作成をし、定期的に内容を見直すことをお勧めします。

---

**参考　成年被後見人の遺言書**

成年被後見人が遺言書を作る場合、民法で定められた要件や方式のもと作成しなければなりません。これは難易度の高い手続きになります。

①事理を弁識する能力を一時回復した時

②医師2名以上の立会い

③立ち会った医師は、遺言者が遺言作成時に精神上の障害により事理を弁識する能力を欠く状態になかった旨を遺言書に付記して、これに署名し、印を押す

# 6 危機的状況時は一般危急時遺言

**これが理解できればOK!!**
▶ 緊急時に口頭で作れる遺言書がある
▶ 証人3人必要。しかし身内は証人になれない
▶ 危急時遺言はすみやかに専門家に相談を！

## ●家族の運命を変える「一般危急時遺言」の存在

　ここまで遺言について学んだ方は「急いで遺言書作成に取り掛かろう！」という気持ちになっているのではないでしょうか。しかし、作ろうと思っているうちに、予期せぬ病気で字も書けないくらい深刻な状態になってしまったら…もっと早く作成しとけば、と後悔しかありません。でも大丈夫。民法にはこのような緊急時でも作れるように特別な方式が定められています。これを**一般危急時遺言**と言います。ただし専門家でも**滅多に依頼されることのないレア**な遺言形式です。

### 遺言書作成の難点

**自筆証書遺言**（財産目録を除く）

→ 全文を自分で書けないと作れない。

**公正証書遺言**

→ 作成に1ヵ月前後の時間がかかる。

もし上記の方法で遺言書を作れない緊急時でも、
**自分の意思を口頭で伝える力があれば、大丈夫です!!**

○余命が幾ばくも無い方で今すぐに遺言を残さなくてはいけない
○病気や事故などで緊急事態となり、すぐに遺言書を作成しないと遺言者の生命が失われてしまう

→ このような生命の危機である緊急時は、**一般危急時遺言の方式で遺言を作成できます。**

## 【危急時遺言作成の流れ】

**1** 証人を3人以上準備します。
＊ただし推定相続人等、なれない人が定められています。

**2** 遺言者が口述し証人1人が筆記。遺言者と他の証人に読み聞かせ又は閲覧する。

**3** 各証人は筆記の読み聞かせが正確なことを承認し、それぞれ署名し、印を押す。

**4** 証人の一人もしくは利害関係人が遺言の日から20日以内に家庭裁判所に請求し、確認を得る。

もし、その後体調が回復したら‥
危急時遺言は、**体調が回復するなどして、普通方式の遺言書を作成できる状態になった時から、6ヶ月間生存した場合には無効**になります。

「危急時遺言」はあくまで緊急時の対策ですので、<mark>緊急時から脱したら、公正証書遺言等の遺言作成に取りかかってください。</mark>あの時作ったからと安心してその後放置した場合、6か月を過ぎると効力を失います。

危急時遺言は、<mark>相続専門の専門家でもなかなか行う機会が少ないうえ、最後の声を聞き取り文章に起こすのは非常に難易度の高い仕事となります。</mark>誰でも即座に対応できるわけではないので、やはり、このような状況になる前にしっかり準備しておきましょう。

> **参考　遺言書作成時、証人になれない人**
> 以下に該当する人は遺言書の証人又は立会人になれません。
> ① 未成年者
> ② 推定相続人及び受遺者並びにこれらの配偶者及び直系血族
> ③ 公証人の配偶者、四親等内の親族、書記及び使用人（民法974条より）

# 7 遺言執行者は必ず指定して！

**これが理解できればOK!!**

▶遺言書の内容を叶えるための遺言執行者
▶遺言執行者の指定は遺言書で
▶遺言執行者は専門家に！

## ●遺言は執行されないと意味がない

　突然ですが、あなたの人生で最後にお世話になる人はだれでしょう？ お医者様？ 葬儀社の方？ 両方とも大事ですが本書においてはハズレです。答えは…**遺言執行者**です。遺言書は遺言者が望む相続手続きが行われて初めて意味があったものといえます。いくら素晴らしい内容をしたためても、それが叶わなければただの紙切れです。その**相続手続きを一手に担うのが遺言執行者です。**

民法1012条1項（改正後）
**遺言執行者は、遺言の内容を実現するため相続財産の管理その他遺言の執行に必要な一切の行為をする権利義務を有する。**

遺言執行者は**遺言書の内容を叶えるための権限を持っているということ！**

遺言執行者が決められている時、相続人であっても相続財産の処分を勝手に行うことはできません。

 **確実に遺言書の内容が叶えられます！**

034　第2章 ▷▷▷ 遺言書の活用

遺言執行者を誰にするかは、遺言書作成時に決めて、遺言書に書かなければ指定できません。しかし以下の人はあまりお勧めできません。

## 【遺言執行者に向かない人】

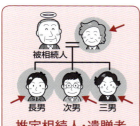
**推定相続人・遺贈者**
中立的立場にならないので争いを招きやすいです。

**同年代の知人**
遺言の執行の時に本人が元気で動き回れるかわかりません。

**平日勤務の人**
銀行等は土日開いていないことが多いので、手続きが進みません。

## 【遺言執行者の仕事】

- 戸籍収集・相続人調査
- 相続人・受遺者への通知
- 相続財産調査
- 財産目録の作成
- 遺言書に沿って名義変更
- 相続税申告の手続き（必要時）
- 経費・報酬精算

特に相続人以外の人に遺贈したい場合は、遺言執行者を指定したほうがよいでしょう。

事前に決めなきゃね！

　遺言執行者は、専門性が高いほか、親族や推定相続人を指定すると、争いにも発展しかねません。こうした手続きを専門とする士業事務所へ相談してみてください。

# 8 専門家と信託銀行 どちらに依頼する？

**これが理解できればOK!!**
▶遺言書を作成する際は専門家に
▶信託銀行は専門家に依頼するより割高
▶専門家にはそれぞれ得意分野がある

## ●専門家と信託銀行を比べてみると？

　遺言書の作成の相談には大きく2つの窓口があります。信託銀行と、法律の専門家です。専門家への相談はトラブルに巻き込まれた時というイメージが強いかもしれませんが、多くの専門家は遺言書作成の相談も行っています。ここでは信託銀行も含め、依頼に料金はどのくらいかかるのか、どのような専門家がお勧めかをお伝えします。

### 【専門家と信託銀行料金比較】

|  | 専門家 |  | 信託銀行 |
|---|---|---|---|
|  | 行政書士・司法書士 | 弁護士 |  |
| 遺言書作成報酬 | 10万円前後 | 10万円～20万円 | 10万円～30万円 ※保管料として |
| 遺言執行業務報酬 | 遺産総額の0.5%～ 30万円～ | 遺産総額の1%～ 50万円～ | 遺産総額の1%～ 100万円～ |

※上記は目安になります。正確には、個別にご確認ください。

**一般的に専門家よりも信託銀行の方が報酬は高くなります。**
さらに、信託銀行では法令により直接法律業務が取り扱えないため、そこから専門家に法律業務を外注しますので別途費用がかかります。

どういうところに相談すればよいんじゃ‥

専門家はそれぞれ得意分野があります。相続分野に強い専門家を選びましょう！

## 【専門家を選ぶポイント】

①遺言書作成の実績がある

専門の法律家がおすすめです。

②証人を依頼できる

公正証書遺言作成時の証人に相続人等はなれません。

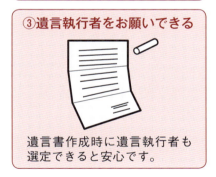

③遺言執行者をお願いできる

遺言書作成時に遺言執行者も選定できると安心です。

④他の専門家との繋がりがある

士業の専門家には職務範囲があるので、連携できる事務所だと遺言執行がスムーズに。

　専門家となると敷居が高いイメージがありますが、初回相談を無料で行っているところもあります。まずは、無料相談を利用してみましょう！

　この章では遺言書について学んできました。遺言書には単純に財産を振り分けただけでなく、遺言者が築いてきた人との関わり方が反映されます。死後の準備となると抵抗がありますが、ご自身の大切な人が笑顔で暮らしていけるよう整えてあげることが大切なのです。

コラム

# 死亡者の10人に1人が遺言書を作成している!?

　皆さんは、年間の死亡者数をご存知でしょうか。

　厚生労働省の「人口動態統計の年間推計」によると、平成30年（2018年）の死亡者は136万9千人で、この死亡者数は2040年頃まで増え続けると推計されています。

　では次に、どのくらいの人が「遺言書」を作成しているかご存知でしょうか。

　遺言書のメインである公正証書遺言と自筆証書遺言の作成件数を合計すると、年間約13万件ほどになります（この13万件という数字は、公証役場での作成件数、家庭裁判所における検認件数の合計）。

　上記の死亡者数と遺言書の作成件数から、**亡くなる方の約10人に1人が遺言書を作成している**ことが分かります。

　この数字を見て、皆さんはどう感じたでしょうか。

　いずれにしても、残されたご家族の安心のためや何かしら心配なことがあるために、遺言書を作成される方は一定数存在します。

　同じような目的やご不安をお持ちの方は、是非専門家に相談することをおすすめします。

●執筆者プロフィール
**行政書士法人オーシャン**
行政書士　**岡田 大地**

2014年に新卒で行政書士法人オーシャンに入社。相続分野を得意とし、その他にも建設業等の許認可業務も完璧にこなすオールラウンダー。
2019年からはコンサルタント見習いとして、全国の司法書士、行政書士、税理士事務所等の売上を伸ばすため、グループ代表の黒田と共に士業事務所の経営支援に注力している。

# 第3章 相続トラブル対策

1 よくある遺産相続トラブルとは？
2 介護の苦労は報われる？〜寄与分〜
3 遺産は取り戻せる！〜遺留分〜
4 生前贈与は遺産に含む？〜特別受益〜
5 法律改正で相続のルールが変わる！

# 1 よくある遺産相続トラブルとは？

## ●遺産分割をめぐるトラブルは様々

　今まで問題なく暮らしていた家族でも、残念ながら相続をきっかけとして予想しなかったトラブルに巻き込まれるというのは、意外にもよくあることなのです。この章では相続人間の話し合いではまとまらず、争いに発展してしまった事例をもとに、解決策について一緒に考えていきます。

## 【相続トラブル事例】

### 相続人に関するトラブル

▶戸籍を取り寄せたら異母兄弟がいることが分かった。財産が自宅しかないため相続放棄をしてもらいたいが、法定相続分を主張してきている。

### 不動産に関するトラブル

▶遺産が不動産のみだが相続人の一人が住み続けているため話し合いにすら応じてくれない。

▶遺産分割協議の際に不動産の価値について話し合ったが、不動産を相続する相続人がその不動産の価値を安く主張し、法定相続分に足りない分の、現金の分割を求めてきている。

### 金融資産に関するトラブル

▶長年認知症だった父の口座から生前、複数回にわたって引き落としがされていることが分かった。恐らくは兄が勝手に使い込んだと思われるが、一向に認めない。

▶遺産総額は教えてくれないのに、金融機関の相続手続き書類に押印してほしいと一方的に連絡してきて、頻繁に催促してくる。

### 相続税に関するトラブル等

▶複数人の相続人が小規模宅地の特例の条件を満たしていたが、限度面積があるため、誰がどのくらいの面積を適用するかでもめてしまい、申告期限に間に合わなそう。

相続が始まるまで、自分がトラブルに巻き込まれるとは思っていない人がほとんどです。次のページからいくつかの事例をもとに解決策をご提案します。

> **お悩み相談①　同居していた相続人が遺産を開示しない**
>
> 父が亡くなってから半年が経つのですが、話し合いがぜんぜん進みません。というのも一緒に住んでいた兄が父の財産を使い込んでいたようです。今後どのように遺産分割協議を進めていけばよいのかわかりません。
>
> 島根県　鈴木さん（62歳）

## ●相続人であれば財産は調べられます

　鈴木さんは相続人なので**大半の相続財産は調査できます**。預貯金はお父様が利用していたと推測できる金融機関に問い合わせると、口座の存在や残高を調べることができます。また土地・建物は不動産を所有していると思われる市区町村に**名寄帳**を取り寄せることでわかります。しかし、そこからどれが故人のための経費か、お兄様によって使い込まれた可能性のあるお金なのかを確認して、遺産を確定する必要があります。判断が難しいため、早期に専門家に相談することをお勧めします。

　なお、土地・建物は勝手に登記はできませんが、預貯金は銀行がお父様の死亡の事実を把握していないとカードなどで引き出せてしまいます。1日も早く調査を始めて、財産を確認しましょう。

第3章　相続トラブル対策

**借金など負債に関しても信用情報機構に開示請求**をすることで、銀行等やクレジット会社、消費者金融等の借り入れについては調べることができます。

041

# 2 介護の苦労は報われる？ ～寄与分～

**これが理解できればOK!!**
- ▶介護や事業への貢献で寄与分が認められることがある
- ▶相続人が納得しない場合は遺産分割調停

## ●難易度の高い寄与分

　長期間にわたり被相続人の介護を頑張ってきた相続人は、他の相続人によって、平等な遺産分割協議を進められたら腑に落ちないと思われるかもしれません。介護をしていたことや、被相続人の事業を無償又は少ない給与で手伝っていたことにより、他の相続人より相続において多く財産を取得できる可能性があります。この制度のことを寄与分と言います。

## 【寄与分のポイント】

①被相続人の事業に対して労務上貢献したり、財産を給付した

②被相続人の療養看護その他の方法により被相続人の財産を維持又は増加させた

簡単に言うと被相続人の財産の維持、または増やすことに対して貢献していたかが争点です
※民法改正により新設される特別の寄与制度は48ページで

　相続人全員が納得すれば、遺産分割協議の際に配慮すればよいのですが、一人でも認めない場合、寄与分を法的に確定するには調停の申立てをしなくてはいけません。しかしながら、寄与分を法律的に認めさせることは難易度が高いのです。というのも「親の面倒を見ることは子供の義務」と民法では定められています。よって、「よく家を訪れて面倒を見ていた」程度だと認められないかもしれません。また寄与分の適正な金額の算定には専門的な知識が求められます。

## お悩み相談② 長年続いた介護。取り分は多くならないの？

10年近く介護していた母が先日亡くなりました。母にほとんど会いに来なかった弟が遺産分割に躍起になっています。ずっと面倒を見てきた私と何もしていない弟の遺産が同額なのは不服があります。今後どのように話し合いを進めたらよいのでしょうか。　　　　　岐阜県　渡辺さん(62歳)

渡辺さんのケースでは、弟様が寄与分を配慮した遺産分割に納得をしない場合、法定相続分どおり分けるか、家庭裁判所に遺産分割調停を申立て、寄与分を法的に認めてもらうよう進めていく必要があります。また寄与分を定める処分調停や審判を申立てることもあります。

### 【遺産分割協議がまとまらない場合】
※最初から遺産分割審判を申し立てることも可能

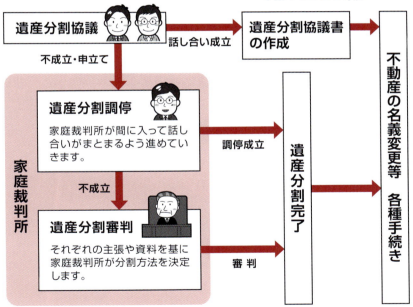

争いごとは火種が小さいうちに対策を取った方が解決しやすいです。遺産分割協議の時点でも相手方と意見が対立しそうだと感じたら、ぜひ弁護士に相談してみてください。

# 3 遺産は取り戻せる！
## ～遺留分～

**これが理解できればOK!!**
▶遺留分は民法上保障されている一定の相続人が最低限相続できる相続財産の割合
▶遺留分は主張しないと消滅する

## ●遺留分は遺産を受け取れなかった相続人の救済？

　もし遺言書にすべての遺産を相続人の一人に相続させると書かれていたら……相続できると思っていた遺産を1円も受け取れなかったら、他の相続人は簡単には引き下がれないですよね。実際、すべての遺産を相続人のうちの一人に渡すという内容の遺言書は思ったより非常に多いです。どんなに不平等であれ、正しい形式で作られた遺言書であればもちろん有効になります。しかし法律上、相続財産のうち一定の割合分は受け取れる権利があります。その割合のことを遺留分と言います。

遺留分とは**法律上定められている一定の相続人が最低限相続できる財産割合**のこと

遺言書があって遺産を受け取れなかった

他の相続人への生前贈与で遺産がなかった

**遺留分の侵害**

## 【遺留分の特徴】

兄弟姉妹・甥姪以外の相続人は遺留分がある

遺留分は1/2に法定相続分を乗じた金額
＊相続人が直系尊属のみの時は1/3

遺留分は主張しないと消滅する

> **お悩み相談③** 相続財産をすべて兄に持っていかれました
>
> 3カ月前に私の母がなくなりました。相続人は兄と私の2人です。母と同居していた兄が葬式の場で母の公正証書遺言をだしてきました。内容はすべての財産を兄に相続させるというものです。1億円もの遺産全部を渡すのは同意できかねます。嫁もカンカンで困ってます。　　　　埼玉県　白井さん（58歳）

遺産総額が1億円だとすると、白井さんがお兄様に請求できる金額は遺留分：1/2 × 1/2 ＝ 1/4 なので2500万円分になります。民法改正により2019年7月1日以降に開始した相続では、遺留分侵害額を受遺者に請求することになります。

## 【白井さんの遺留分】

| 相続財産（1億円） | |
|---|---|
| 遺言書で確定できるお兄様が受け取る遺産75%（7500万） | 白井さん遺留分25%（2500万） |

白井さんの法定相続分50%　1/2

また遺留分があっても、自ら遺留分侵害額の請求権を行使しないと、自動的に権利を失い（消滅し）ます。消滅事由は、**相続の開始及び遺留分を侵害する贈与又は遺贈があったことを知った時から1年間行使しないとき、または、相続開始から10年を経過したとき**です。

白井さんの場合、**葬式の日から1年が経過するとお兄様に請求できなくなってしまいます**。請求は必ず日付の記録が残るよう内容証明郵便で送りましょう。

内容証明郵便は差出人、差出日、文章の内容、受け取った日付等の記録が残ります。

内容証明郵便で請求

お兄様

# 4 生前贈与は遺産に含む？
## ～特別受益～

**これが理解できればOK!!**
▶ 相続人が生前に贈与を受けていると
 特別受益にあたる可能性あり
▶ 特別受益があるときには持戻して計算できる

## ●特別受益は遺産に持ち戻して計算できる

相続人の中で被相続人から生前贈与を受けた人がいる場合、法定相続分どおりに分けると不平等だとして遺産分割協議がまとまらないことがあります。例えば、特定の相続人が生前贈与を受けていたことにより、遺産がほとんど残っていなかったら、贈与を受けていない相続人は納得いかないですよね。このように特定の相続人が被相続人より特別に利益を得ていることを特別受益と言います。

特別受益がある場合、遺産にその特別受益分を持ち戻して遺産分割協議をすることができます（このことを特別受益の持戻しと言います）。

具体例で確認してみましょう。

---

**参考　特別受益の対象財産**

○相続人が被相続人より受けた遺贈
○相続人が被相続人より婚姻や養子縁組によって贈与をうけた財産
○相続人が被相続人より生計の資本として贈与をうけた財産

**特別受益に該当しうるもの**
○多額の生前贈与
○他の相続人と比して著しく高額な学費や結婚支度金等

**特別受益の対象にならないもの**
○生命保険金　○死亡退職金
○一般的な学費や挙式・結婚式の費用（生命保険金や死亡退職金は、金額が大きい等により特別受益としてみなされる場合あり）

## お悩み相談④　遺産分割協議に生前贈与は考慮しないの？

父が亡くなり、兄と私で遺産分割の話し合いをしています。兄は父の生前に、居住用にと土地の贈与を受けています。しかしその贈与には触れず、父の遺産を1/2ずつ分けようと相談してきました。生前贈与はなかったことになるのでしょうか？ 生前贈与は1000万円分、遺産は2000万円です。

東京都　佐藤さん（54歳）

### 佐藤家の状況

遺産2000万円　　生前贈与1000万円

土地は贈与時でなく相続開始時の価値で換算します。

### そのまま遺産分割をした場合

相続財産
お兄様 1/2　　佐藤さん 1/2

➡ 2000万円×1/2＝1000万円　一人当たり**1000万円**
兄は生前贈与と合わせて2000万円もらうことに…

### 特別受益の持戻しをした場合

生前贈与　　相続財産
お兄様 1/2　　佐藤さん 1/2

（2000万円＋1000万円）×1/2＝1500万円　一人当たり1500万円
お兄様　　1500万円−1000万円＝**500万円**
佐藤さん　**1500万円**

私の分が増えたわ！

なお、お父様が==生前贈与は持戻さないようにと遺言書に記していた場合等は、特別受益の持戻しはできません。==

　生前対策に関しては法的な判断が求められることも多々あります。自身の状況によりどのようなトラブルが起こり得るかイメージして、対策を考えておきましょう。

第3章　相続トラブル対策

# 5 法律改正で相続のルールが変わる！

　平成30年7月に「民法及び家事事件手続法の一部を改正する法律」および「法務局における遺言書の保管等に関する法律」が成立しました。**相続法は昭和55年に改正されて以来、約40年ぶりの大幅な見直し**です。この40年間で社会全体は高齢化が進み、家族の在り方にも変化が生じた結果、相続に関するルールも現行の制度では時代のニーズに対応しきれないことが増えてきました。そのような問題を解消するため、今回以下の内容が改正されました。

## 【民法改正による変更点】
### ①遺留分制度が見直され、金銭請求のみとなりました！

【改正前】
遺留分減殺請求を行使することによって、遺贈や、贈与を受けた人の相続財産は共有状態に。
→ 不動産は複雑な持分の共有になり簡単に分けられない。

【改正後】
○遺留分を侵害された者は**遺留分相当額を金銭で請求するようになる**。

○**受遺者や受贈者は**、ただちに遺留分相当額を支払えない時、裁判所への請求によって**支払期限猶予を求められる**。

### ②相続人以外の親族も、特別寄与料の請求が可能に！

【改正前】
被相続人に対し療養看護等を行っていても相続人でなければ、相続財産を取得することはできない。

私の苦労は報われない？
看護
すでに他界

【改正後】
被相続人の療養看護等を相続人でない被相続人の親族が行っていた場合、相続人に対して特別寄与料の支払を請求できるように！

報われてよかった！

### ③共同相続人による相続開始後の財産処分について、不公平を解消

【改正前】
遺産分割は遺産分割時にある財産を対象として行われるため、相続開始後、遺産分割までの間に共同相続人に財産を処分されると、その財産は遺産分割の対象から外れてしまう。

【改正後】
相続開始後に処分されてしまった財産についても、処分者以外の相続人の同意があれば、遺産分割の対象として含むことができるように!

☞詳しくはコラム(P52)で!

## 【民法改正によるその他の変更点】

- ▶配偶者居住権、配偶者短期居住権の新設
- ▶法務局による自筆証書遺言の保管制度が創設
  (法務局における遺言書の保管等に関する法律)
- ▶自筆証書遺言の財産目録をパソコン等で作成可能に
- ▶遺産分割未了でも相続人が単独で預貯金の一部の払い戻しをうけれるように(預貯金の仮払い制度)
- ▶婚姻関係20年以上の夫婦間の居住用不動産の遺贈、または贈与は遺産への持ち戻し免除の意思表示があったものと推定される …他

これらの制度は、2019年1月13日より段階的に施行されています。大半の改正が施行日より後に発生した相続が対象となります。制度によって施行日が異なるので注意してください。

## コラム

# 相続法の改正
### 相続開始後に共同相続人が遺産を処分してしまった！

**お悩み相談** 相続開始後に兄が遺産である預貯金を下ろしたことが発覚!?

### 佐藤家の状況

被相続人

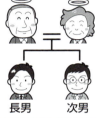
長男　次男

相続開始時の父の相続財産

 預貯金 4000万円

 長男への生前贈与 4000万円 ➡ 特別受益として相続財産に含む

⚠ しかし、父の葬儀後に長男が密かに2000万円を引き出していたことが分かった!!

 預貯金 4000万円 ➡ 遺産分割時には2000万円に

### 長男がお金を引き出していない場合の遺産分割

 (4000万円 + 4000万円) × 1/2 − 4000万円 = **0円**
　　　　　　　　　（生前贈与の特別受益）　　　（生前贈与の特別受益）

 (4000万円 + 4000万円) × 1/2 = **4000万円**
　　　　　　　　　（生前贈与の特別受益）

➡ 法定相続分で分けると、兄は既に生前贈与で4000万円を受け取っているので兄弟平等に4000万円ずつを受け取れました。

 しかし、今回兄が既に引き出してしまっている。この2000万円はどのように扱われるの？

 じつは改正前の法律だと、結果的に次男の方がもらい受ける財産が少なくなってしまうのです！具体的にみてみましょう。

## ▶▶▶ 改正前

 改正前の法律では
**遺産分割時にある相続財産を相続人で分けることが前提**

 よって、預貯金は2000万円として計算する

それぞれの法定相続分は（2000万円＋4000万円）×1/2＝**3000万円**
しかし、長男は生前贈与で4000万円を受けているので0円、残っている相続財産は2000万円のため、2000万円を次男が引き継ぐ。

 0円＋4000万円＋2000万円＝**6000万円**
　　　（生前贈与）　（引出し分）

 **2000万円**

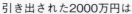 引き出された2000万円は
**不法行為・不当利得の返還請求で取り戻せる可能性はあるが、取り戻せるのは法定相続分の範囲内。**
**具体的な相続分を前提とすることは難しい。**

 取り戻せても2000万円×1/2＝1000万円ということ

**結果**
 6000万円－1000万円＝**5000万円**
 2000万円＋1000万円＝**3000万円**
**2000万円の差が!!**

## ▶▶▶ 改正後

 相続人が遺産分割より前に処分した財産に関しても
**遺産分割の時点で存在するものとみなされるように（処分者以外の相続人全員の同意で可能！）。これは処分者以外の相続人の同意のみで、処分者の同意なく可能。**

つまり、今まで不法行為・不当利得の返還請求の民事訴訟をおこなわなければならなかったが、案件をみたせば遺産分割調停もしくは審判で決着できるように！

### 今回の改正のポイント

- 遺産分割は遺産分割時にある相続財産を分けることが前提であるため、特別受益を受けている相続人が、相続開始後に財産を処分すると、相続人間に不公平が生じてしまっていた。しかしながら改正により、処分した相続人以外の同意があれば、相続開始後処分された財産も存在するものとみなし遺産分割できるようになった。

- また、処分された財産を取り戻すために、今まで民事訴訟を起こすなど手間も時間もかかったが、遺産分割調停もしくは審判内で合わせて問題として取り上げ、解決することができるようになった。

**改正により問題点が解消されました！**

---

●執筆者プロフィール
**弁護士法人法律事務所オーセンス**
弁護士 **亀山 大樹**（神奈川県弁護士会所属）

2013年弁護士法人 法律事務所オーセンス入所。現在は、横浜オフィスの支店長を務める。
相続・離婚・刑事事件・交通事故等の個人法務案件を中心に、常にお客様目線を心がけ、地域密着で様々な案件に対応している。
相続に関するセミナーや街頭相談会等にも積極的に取り組んでいる。

# 相続税対策

1 相続税の計算は国がやってくれない
2 相続税を計算してみる
3 非課税財産と各種控除
4 今から始める相続税対策
5 相続税額を変える土地の評価方法
6 最大8割減！小規模宅地等の特例
7 生命保険は万能薬
8 不動産管理会社でどう節税するか？
9 納税資金に困らないために！

# 1 相続税の計算は国がやってくれない

**これが理解できればOK!!**

▶ 相続税は自ら計算して申告する
▶ 納税額を間違えるとペナルティの対象に！
▶ 相続税の申告・納付には期限がある

## ●相続税は自分で計算しなければならない

　遺産を相続したけれども相続税の支払いをどうしたらよいのかわからない方は多いのではないでしょうか？　相続税が難しいのは、**相続人が自分で納税額を計算して申告しなければならない**ことです。例えば、住民税や固定資産税などは、時期になると役所より決められた金額の納付書が届きますが、相続税はそうではないのです。

**国や市町村より納付書が届く場合**

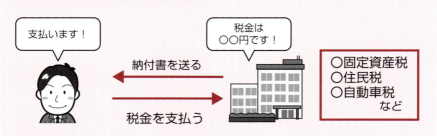

**納付書が届くので支払金額を間違えることがありません。**

　しかしながら相続税の場合、相続財産を取得する相続人等が遺産の総額を確認して、それをもとに申告書を作成し、納税しなければなりません。この制度を**申告納税制度**と言います。
　申告納税制度がとても厄介なのは、**納税額を間違えるとペナルティ**があることです。その場合**本来支払うべき税金より多い金額を徴収される**可能性があります。

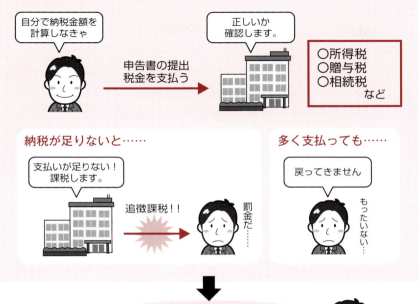

## 相続税は申告納税制度なので
①自分で納税額を決めなければいけない
②期限内に納付しなければならない
③納税額が少ないと追徴課税。多く支払っても戻ってこない

　もし、支払うべき税金を下げるため、対策をしていてもこの計算を間違っては意味がありません。特に不動産の評価額を算出することは難しく、少なすぎず多すぎず、適正な金額で申告をしたいのであれば相続税申告で実績のある専門家に相談する必要があります。なお相続税の申告・納税期限は被相続人の死亡を知った日の翌日から10ヶ月以内です。

相続税の申告は行ったことのない人にとって容易ではありません。専門性の高い分野なので、相続税申告が得意な税理士に依頼しましょう。

#  2 相続税を計算してみる

### これが理解できればOK!!
▶ 相続税は全員が申告しなくてよい
▶ 法定相続分で相続税の総額を計算する
▶ 相続税の総額より各自支払う分を確定する

## ●一般家庭に相続税はかかるのか？

相続税はすべての相続にかかるわけでなく、相続財産によっては申告不要の場合もあります。ここでは申告が必要か、必要な場合どのくらいかかるのか一緒にチェックしてみましょう。

### STEP❶ ▶▶▶ 相続税の対象か確認しよう

**課税価格**

 → 土地は路線価方式。建物は固定資産税評価額。
土地・建物

 → 亡くなった日の残高で計算
預貯金

 → 全額ではなく非課税枠あり。

生命保険などの
みなし相続財産

 借金など負債がある場合はここから引けます

## 課税価格－基礎控除額＝<u>課税遺産総額</u>

3000万円＋法定相続人の人数×600万円

 課税遺産総額が0円以下になった場合は申告は不要です。課税遺産総額がプラスの人は次のステップに進みましょう。

## STEP ❷ ▶▶▶ 各人の相続税額を算出しよう

### ①全体の相続税額を確定する
課税遺産総額を法定相続分で割り振り、速算表で各相続人の税額を計算する。

### ②相続税の総額を各自支払う分に振り分ける
総額を実際の分割割合で分けて、各自申告、支払いをします。

**相続税の速算表**
（平成27年1月1日以後の場合）

| 法定相続分に応ずる取得金額 | 税率 | 控除額 |
|---|---|---|
| 1000万円以下 | 10% | - |
| 3000万円以下 | 15% | 50万円 |
| 5000万円以下 | 20% | 200万円 |
| 1億円以下 | 30% | 700万円 |
| 2億円以下 | 40% | 1700万円 |
| 3億円以下 | 45% | 2700万円 |
| 6億円以下 | 50% | 4200万円 |
| 6億円超 | 55% | 7200万円 |

※国税庁のHPより転載

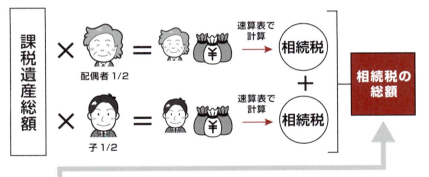

相続税の総額を実際に分割する割合で分けて、それぞれが支払います。未成年者などはこの金額から税額控除分を差し引けます。

　支払うべき相続税額をつかめると、どの程度生前対策を行うべきか見えてきますね。特に、課税遺産総額が少額の人は、生前贈与の検討で、相続税申告自体を不要にできるかもしれません。次のページでは事例をもとに、いくつか計算パターンを紹介します。

## Case1 配偶者と子どもで分割

**相続人は3人**

**遺産総額8000万円**

 3,000万円
土地・建物

 5,000万円
預貯金

| 項目 | 金額 | 備考 |
|---|---|---|
| 遺産総額 | 8000万円 | 3000万円+5000万円 |
| 基礎控除 | 4800万円 | 3000万円+600万円×3人 |
| 課税遺産総額 | 3200万円 | |
| 法定相続分 | 妻 1600万円<br>子 800万円<br>子 800万円 | 法定相続分で割振る |
| 法定相続分の税金 | 妻 190万円<br>子 80万円<br>子 80万円 | |
| 法定相続分通りに相続した場合の相続税 | 妻 0万円 →<br>子 87.5万円<br>子 87.5万円<br>合計 175万円 | 配偶者の税額軽減 |

 **ここがポイント!!**

### 配偶者には税額軽減があります！

配偶者が相続する金額が下記のどちらか多い額以下の場合、相続税はかかりません。

▶ **1億6000万円**
▶ **法定相続分相当額**

次の世代のことも考えて使いたいねえ…

## Case2 子ども2人で分割

**相続人は2人**

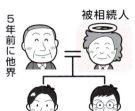

**遺産総額2億2000万円**

自宅
7,000万円

投資用不動産
5,000万円

預貯金
6,000万円

生命保険
4,000万円

| 項　目 | 金　額 | 備　考 |
|---|---|---|
| 遺産総額 | 2億2000万円 | 7000万円＋5000万円＋6000万円＋4000万円 |
| 死亡保険金の控除 | 1000万円 | 500万円×2人 |
| 基礎控除額 | 4200万円 | 3000万円＋600万円×2人 |
| 課税遺産総額 | 1億6800万円 | |
| 法定相続分 | 子1　8400万円<br>子2　8400万円 | 法定相続分で割振る |
| 法定相続分の相続税額 | 子1　1820万円<br>子2　1820万円 | |
| 相続税 | 子1　1820万円<br>子2　1820万円<br>合計　3640万円 | |

 ここがポイント!!

### 生命保険の非課税枠を活用せよ！

生命保険金はすべてが課税対象ではなく、非課税枠があります。

生命保険金－（500万円×法定相続人の人数）＝みなし相続財産
　　　　　　　　└─→ 非課税枠

第4章　相続税対策

# 3 非課税財産と各種控除

**これが理解できればOK!!**
▶ 基礎控除額 > 課税価格なら申告不要
▶ 生命保険金の扱いは注意！
▶ 個人の状況で適用する控除がある

## ●納税額は控除によって変化する

相続税には状況に応じて適用できる税額軽減や控除があります。これらの控除をきちんと申告することで、支払う税金を大きく減らすことができます。控除を適用しなかった場合多く税金を支払わなければなりませんが、支払ったからといっても後々返ってくるわけでもないのです。

ここでは各種控除や非課税財産を確認していきましょう。

## 【相続税が減らせる3つの要件】

| ① 基礎控除 | ② 非課税財産 | ③ 税額軽減と各種控除 |
|---|---|---|
| 全ての相続で適用できる控除です。 | 遺産の中でも相続税の対象とならない財産です。 | 各個人の状況によって使うことのできる控除です。 |
|  | 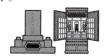 |   |

### ①基礎控除　課税価格から差し引いて0円以下なら申告不要

**基礎控除額　3000万円＋法定相続人の人数×600万円**

全ての相続で対象となる控除です。課税価格よりも基礎控除の方が多い場合、相続税はかかりません。

## ②非課税財産　墓などは非課税！生命保険金等は一部適用

### 非課税財産

墓地

仏壇・仏具

国に寄付した遺産

### 非課税枠のある財産

生命保険金

死亡退職金

生命保険金等は少々特殊な扱いです。
**【500万円×法定相続人の人数】までは非課税。**
**それ以上は相続税の対象**となります。

例▶▶▶ 生命保険金2000万円、法定相続人2人の場合

2000万円 −（2人×500万円）= 1000万円
　　　　　　　非課税枠　　　　課税価格に含まれる額

## ③税額軽減と各種控除　相続税を支払う各個人の状況で適用できる

### 配偶者の税額軽減
配偶者の相続金額が次の金額のどちらか多い金額までは相続税はかからない

(1) **1億6000万円**　　(2) **法定相続分相当額**

### 障害者控除
**（85歳 − 相続開始時の年齢）× 10万円**
特別障害者の場合は×20万円

### 未成年者控除
**（20歳 − 相続開始時の年齢）× 10万円**

　相続税申告は税理士に依頼することが一般的です。相続時に焦らないよう、普段から対策を相談できる先生を見つけておきましょう。

第4章　相続税対策

# 今から始める相続税対策

### これが理解できればOK!!
▶ 節税対策＝財産の評価額を減らす方法
▶ 遺言書は必須。二次相続対策にも
▶ 生命保険活用で納税資金を確保

## ●財産はどうやって次の世代にわたすべき？

　自分の財産より相続税額を計算してみていかがでしょうか。思ったよりも高いなあと思った方！ 今から対策をすれば、支払わなければいけない相続税は確実に減らすことができます。その他、納税資金の確保方法や親族間で争わないための準備など、生前にできる３つの対策をお伝えします。

## 【相続税対策のための３つの方法】

①節税対策　　　＝ 納税額を減らす方法
②分割対策　　　＝ 相続争いを回避する方法
③納税資金対策　＝ 相続税の納税資金を確保する方法

### ①節税対策　納税額を減らすために、課税価格を減らす対策

**（１）賃貸物件の建設や購入**　更地は評価額が高いので活用せよ！

▶ 自己使用の土地よりも、賃貸物件がある土地は、相続税の計算上土地の評価が低くなる

▶ 賃貸物件を建てると、建物は固定資産税評価額から３割ほど安くなるので、現金で財産をもつよりも節税対策になる

➡ 土地は、活用したほうが土地の評価額が下がる可能性あり！

## （2）生前贈与　現金は生前に子や孫へ渡すことを考える

▶生前贈与で相続税の対象となる現金を減らせる

▶贈与税の基礎控除内で長期間行うと効果的

☞ **詳しくは第5章で！**

## （3）小規模宅地の特例　相続時に使えるよう条件を整えておこう

▶被相続人と同居している等の一定条件を満たすと、その自宅土地の相続税評価額を最大8割下げることが可能

☞ **詳しくは66ページで！**

## ②分割対策　遺産相続の争いを回避するためできること

### 遺言書の作成　自分の意思を残して対策を

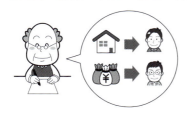

▶遺産分割協議が申告に間に合わないと、多く税金を支払うことに。

▶自分の相続時だけでなく、二次相続時に払う相続税も見通して作成すると節税対策に。

☞ **詳しくは第2章で！**

## ③納税資金対策　相続人に納税資金を確保させる方法

### 生命保険金　納税資金を渡すのに有効手段

▶渡したい相続人に相続税の納税資金を保険金で渡すことができる。

▶生命保険金は相続税の対象だが、非課税枠があり現金で持つより節税効果あり。

☞ **詳しくは68ページで！**

　節税対策のポイントは、無理のない範囲で計画しながら行うことです。老後生活の充実とのバランスを考え、長期的に取り組んでください。

# 相続税額を変える土地の評価方法

**これが理解できればOK!!**

▶ 土地と建物では計算方法が異なる
▶ 土地は路線価方式か倍率方式が原則
▶ 複雑な形の土地は計算方法も複雑になる

## ●相続税計算の最難関。土地はどう評価する？

　相続税の計算はまず遺産総額を確認することから始めます。しかし不動産の評価方法がわからない方は多いと思います。土地の評価額は、相続税の計算では路線価方式、倍率方式を用いて計算します。

 路線価方式・倍率方式で計算　　 固定資産税評価額

### 倍率方式

路線価が定められていない地域を倍率地域といいます。
地目によって決められた倍率を固定資産税評価額にかけて計算します。主に、畑や山林が多い地域で使われる方式です。

国税庁HPより

 倍率地域の計算式
**固定資産税評価額×倍率**

例 ▶▶▶ 市街化調整区域　地目宅地　固定資産税評価額 10,000,000 円の場合

国税庁HPより

10,000,000円×1.1＝<u>11,000,000円</u>

## 路線価方式

おもに市街地などで用いられる方式です。宅地や商業施設が多いエリアで使われます。

道路に面している宅地1㎡あたりの価額が定められており（路線価）、土地の面積をかけて計算します。

国税庁HPより

**例 ▶▶▶ 路線価方式での計算方法**

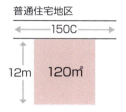

150C ➡ 1㎡あたり150,000円
借地権割合70%

150,000円×1.0（奥行補正）＝150,000円
150,000円×120㎡＝<u>18,000,000円</u>

奥行補正は奥行距離と、地区区分（高度商業地区、中小工場地区など）で倍率が定められています。

二方向に道路がある角地の場合、計算が複雑になり評価額も一方向道路の土地よりも上がることが一般的です。また道路に面している間口が狭い土地は間口狭小補正率がかかり評価も下がります。専門家が計算する時は、土地の形に合わせて対応しています。

　これら路線価や倍率は、国税庁のホームページで確認することができます。なお路線価はその年の1月1日が基準日となりますが、毎年7月頃発表されるため、仮に3月に被相続人が亡くなっても、その年の路線価の発表まで待たなければ計算できません。
　土地の評価が難しいとされているのは、必ずしも土地の形が一定ではないことです。よって多くの土地の価格は単純に計算できるわけではありません。土地の条件に沿って、税法上認められている補正等を使いこなせるかは、専門家である税理士の腕の見せ所なのです。

第4章 相続税対策

# 6 最大8割減！小規模宅地等の特例

**これが理解できればOK!!**
- ▶小規模宅地等の特例は最大80%減
- ▶配偶者が相続する場合はいつでも適用
- ▶同居親族以外が相続するのは条件が厳しい

## ●小規模宅地等の特例で80%オフ

相続税を大きく下げる方法の一つに小規模宅地等の特例があります。**被相続人が居住用や事業用としていた土地を一定の要件を満たす親族が相続や遺贈により取得すると最大8割までその土地の相続税評価額を下げることができる**という特例です（次ページ参考欄を参照）。このページでは一番使われる機会が多い自宅を対象とした特定居住用宅地等の小規模宅地等の特例を中心に説明します。

### 【小規模宅地等の特例－特定居住用宅地等】

 自宅を相続  **80% OFF**

小規模宅地の特例が使えると…
**1000万円×（1−0.8）＝200万円**

この金額が相続税の対象に！

 特定居住用宅地の場合、最大330㎡まで適用。8割の評価額減可。制度を使うにはいくつか条件があります。一緒に確認していきましょう。

---

**特例が使える人**

相続・遺贈により宅地を取得した
① 配偶者
② 同居親族（条件あり）
③ ①②がいない場合、別居親族（細かい条件あり）

066　第4章 ▷▷▷ 相続税対策

> **特例を使うための土地の条件**
> ・被相続人または生計一親族の居住用
> ・建物や構築物の敷地
> ・相続税の申告期限までに分割されている

小規模宅地等の特例は、基本として
① 被相続人が自宅としていた土地を
② 配偶者や同居親族が、
③ 相続や遺贈によって取得した時
④ その土地の評価額を**80%下げられる**特例ということです！

**例 ▶▶▶ 田中さん一家の場合**

父・母・長男が同居

居住宅地を相続する人

→ 【配偶者】特例が使えます！

→ 【同居の長男】特例が使えます！
ただし相続開始時から相続税の申告期限まで、引き続きその家屋に居住し、かつ、その宅地を所有している必要があります。

→ 【別居・別生計の次男】
特例が使えません。

次男は今回は適用外ですが以下の条件の時は別居していても適用できます。
● 被相続人が一人暮らしであること
● 申告期限までその住居を所有していること
● 相続開始前3年以内に自己、自己配偶者、3親等以内の親族、特別な関係にあたる法人が 所有する家屋、自己がかつて所有していた家屋に住んでいないこと

なお要介護認定又は要支援認定を受けて一定の老人ホームに入居していた被相続人の自宅土地も特例の使用を認められています。ただし、その家を貸し出したりすると適用できなくなるので、将来的に節税を考えている場合は注意しなければなりません。

> **参考　小規模宅地等の特例は3種類**
> 自宅以外にも事業用宅地等でも使えます。適用可能面積や評価減率が異なります。
> ・特定事業用宅地等 ➡ 被相続人等（生計一親族を含む）の事業用の宅地
> ・貸付事業用宅地等 ➡ 被相続人等（生計一親族も含む）が貸付事業をしていた宅地
> ・特定居住用宅地等 ➡ 被相続人等（生計一親族も含む）の居住用の宅地

第4章 相続税対策

# 7 生命保険は万能薬

**これが理解できればOK!!**

▶生命保険契約は利点が多い
▶生命保険金には相続税の非課税枠がある
▶代償金や相続税の支払いのための対策にも

## ●生命保険を活用しよう

　残された人に大きな資金を渡すことのできる生命保険。生命保険には相続税対策にとても有効的な一面もあります。生前に加入し、うまく活用することによって、節税や争いを回避する効果があります。

### 【生命保険活用の5つの利点】

**❶** 【500万円×法定相続人分】の相続税非課税枠がある

500万円 ×

**❷** 受取人の財産になるため争いを回避しやすい。代償金を準備できる

**❸** 保険金のため遺産分割前であっても、早期にお金を受け取れる

**❹** 同じ金額を銀行に預けるよりも利息が良い場合が多い
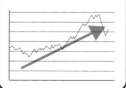

**❺** 相続放棄をした相続人も非課税枠の人数に含むことができる

生命保険は相続税対策にとって、メリットが多いです。誰を受取人にするかも重要ですよ！

068　第4章 ▷▷▷ 相続税対策

## 利点 ❶ 非課税枠を活用した例

課税価格　5200万円
法定相続人　2人

生命保険を活用したほうが現金で持つより節税になるって聞いたのだが…

### 生命保険をかけずに現金のまま相続した場合

 5200万円 －（3000万円 + 600万円×2）= **1000万円**（課税対象）
　　　　　　　　　　基礎控除額

### 課税価格5200万円のうち2000万円を生命保険にした場合

   3200万円
生命保険金 2,000万円
 2000万円

生命保険金には非課税枠があるので……

 2000万円 －（500万円×法定相続人2人）= 1000万円
　　　　　　　　生命保険非課税枠　　　　　　　　みなし相続財産

 3200万円 + 1000万円 －（3000万円 + 600万円×2）= 0
　　　　　　　　　　　　　　　　基礎控除額

➡ 結果、課税遺産総額が0円となり相続税の支払いがなくなりました！

 やったね！

※個別の相談は専門家に

---

　生命保険によっては孫など相続人以外の親族者に渡すことが可能な契約もあります。しかしその受取人には非課税枠は適用されない上、配偶者及び一親等の血族及び代襲相続人である直系卑属（孫など）以外は相続税が2割加算されるので、よくよく検討してから受取人を決めましょう。

☞ 次のページで利点❷の例を紹介します！

第4章　相続税対策

## 利点 ❷ 争いを回避し代償金を準備する例

相続財産  1000万円
 3000万円
法定相続人 2人

 長男が家を欲しがっているけどどうすればよいのか……

➡ 長男が自宅所有希望のため代償金を支払い、法定相続割合で分ける。

 あまりお金がなくて……　　 そこまで不平等にはしたくないなあ……

### そのまま遺産分割した場合

財産
 3000万円
 1000万円

法定相続分
 2000万円
2000万円

3000万円  1000万円
1000万円
自己資金額 1000万円

### 生前に現金を生命保険にした場合

財産
 3000万円
1000万円 ✕

法定相続分
 1500万円
 1500万円

3000万円  1500万円

♥ 1000万円　資金の一部に補填
自己資金額 500万円

 生命保険金として長男に

500万円減

➡ 結果、500万円分の代償金を減らすことができました！！

### 遺言書も一緒に準備すると一層効果的です

財産を特定の人に渡す方法としては遺言書を用意することが一般的です。遺留分対策として、遺言書と生命保険金を合わせて準備しておくと、残された相続人は安心ですね。

## 【生命保険金のポイント】

遺産分割協議の時
➡遺産分割の対象ではありません。生命保険金の受取人固有の財産です。

相続税の支払い時
➡相続財産ではありません。しかし、みなし相続財産として課税対象になります。

受取人固有の財産になるので、相続税の納税資金として準備するのもいいですね

　生命保険が有効活用しやすいのは、民法上、相続財産とはならず、受取人固有の財産になるとされているからです。しかし、財産をすべて生命保険にすれば相続税支払いから逃れられてしまうため、相続税法ではみなし相続財産として相続税の課税対象にし、一部非課税枠を設けています。生命保険制度の活用は利点が多いので、ぜひ自分に合ったものを探してみてください。

### 参考　生命保険の契約内容

生命保険は契約内容により支払うべき税金の種類が異なります。この機会に確認してみてください。

保険の契約内容

保険料支払者　被保険者　受取人
受取人に**相続税**がかかります

保険の契約内容

保険料支払者　被保険者　受取人
受取人に**贈与税**がかかります

保険の契約内容

保険料支払者　被保険者　受取人
受取人に**所得税**がかかります

第4章　相続税対策

071

# 8 不動産管理会社でどう節税するのか？

**これが理解できればOK!!**
- ▶不動産管理会社で所得税を減らす
- ▶給料を相続人に渡すことで納税対策に
- ▶方法は3つ。リスクも異なるので適したものを

## ●不動産管理会社に物件を託す意味

相続税対策の一環として不動産管理会社を利用する手段があります。賃料収入がある不動産を所有している場合、自己で管理するよりも、不動産管理会社を別途設け、そこに運営を任せる方法です。この方法により支払うべき所得税を減らし、相続税対策を行うことができるのです。

  会社を作るとどうして相続税対策に？？　　個人で管理している場合とどう違うか比べてみましょう

**個人で管理している場合**

山田さん　所得税課税対象／諸経費　賃料収入　山田さん所得

**【個人所有の問題点】**
○所得税として税金を多く支払う
○賃料を受けることで相続税の対象となる現金が増える

 不動産管理会社を設立することによって
①将来相続税の対象になる財産を相続人へ先に渡す
②所得税を別の種類の税金に転換する
ことを可能にします！

## ①将来相続税の対象になる財産を相続人へ先に渡す

　不動産管理会社に支払われた管理料、もしくは運営によって得た利益等は給料として従業員に支払われます。相続人を従業員にすることによって贈与税の負担なく、財産を分散することができると考えられます。

## ②所得税を別の種類の税金に転換する

　不動産管理会社に管理料を支払うもしくは物件を売却することによって、賃料収入の所得税の一部、もしくはすべてを給料にかかる所得税や法人税に転換することができます。法人税は所得税として支払うより税率が低いという利点があり、また給料の所得税には給与所得控除が使えます。

また所得税は累進課税制度を採用しているので所得が多いほど税率が高くなります。

☞次のページで具体的な方法を紹介します！

## ●不動産管理会社の種類

　節税対策のための不動産管理会社運営には3つの種類があります。それぞれメリット・デメリットがあるので確認していきましょう。

### ①管理委託方式

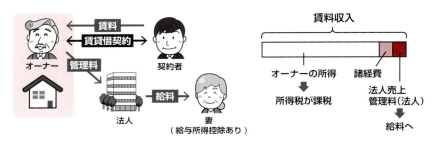

#### ▶管理委託方式のポイント

①不動産管理会社が物件の管理を行うことにより、不動産オーナーの賃料収入より管理料を不動産管理会社に支払うことができる。
②管理料は一般的に家賃収入の4〜6%程度。

### ②サブリース（転化）方式

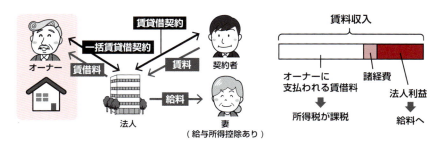

#### ▶サブリース（転化）方式のポイント

①不動産オーナーは不動産管理会社に賃貸物件を一括して賃貸し、管理会社が管理・運営を行う方法。管理会社は契約者より得た賃料からオーナーに賃借料を支払う。一般的にオーナーに支払う賃借料は、賃料収入の85〜90%程度。

## ③不動産保有会社方式

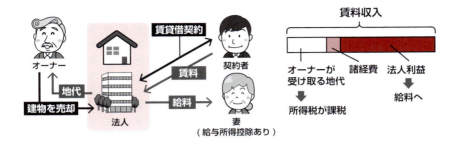

### ▶不動産保有会社方式のポイント

①不動産管理会社がオーナーより賃貸物件を買い取り、自社財産として運営する方法。
②不動産管理会社が建物を購入することが前提なので、会社は購入資金を調達する必要があり。
③建物のみを売却し、物件所有者は地代を徴収するケースが多い。
④法人の売り上げによっては、消費税の還付を受けることができる。

## 【法人設立に効果があるのはこんな人】

①**不動産所得が1000万円以上ある人**
②**まだまだ元気で平均余命までも時間がある人**
→不動産管理会社設立にも諸経費がかかるため、長年の所得税軽減効果を期待できなければ、反対に損をする可能性が高いです。

　不動産管理会社によっては、物件所有者の賃料収入および所得税を減らし、相続人に給料として財産を分配することが可能になります。物件所有者の相続財産を増やさないよう、子や孫が出資者になり会社の株式をもつことをお勧めします。
　100％リスクのない会社運営はないため、不動産収入により対策が有効か事前にシミュレーションを立てて、法人設立を検討しましょう。

# 9 納税資金に困らないために！

**これが理解できればOK!!**
- ▶相続人の財産を増やし、納税資金の確保を
- ▶納税資金の確保に向けた土地の売却は、計画的におこないましょう！

## ●相続税が払えない……相続人を悩ませないために

相続税は被相続人の死亡を知った日の翌日より10か月以内に支払わなければなりません。しかし相続財産や相続人の自己財産に現金がない場合、相続人が支払いに頭を抱えることになります。特に会社経営者やその土地を代々受け継ぐ地主の方は、財産の自社株や不動産の割合が多いので、生前から納税資金対策を考える必要があるでしょう。

納税資金対策では以下の2つがポイントとなります。

### ①相続人に財産を渡すことで、相続人の財産を増やし、納税資金を確保しておく。

普通にお金を渡すと贈与税がかかります。できうる限り、贈与税をかけずに子や孫に財産を移す方法を考えます。

**①生前贈与**
最も簡単に行うことができるのは非課税枠内の（年間110万円まで）暦年贈与です。直接資金を相続人に渡すことができます。☞**詳しくは第5章2項で**

**②生命保険の活用**
相続人を生命保険金の受取人に指定することで、被相続人が亡くなった時点で現金を受け取れます。 ☞**詳しくは第4章7項で**

076　第4章 ▷▷▷ 相続税対策

### ③不動産管理会社の運営

相続人を不動産管理会社の社員にし、給料を支払うことで、相続人の現金財産を増やします。

☞ 詳しくは第4章8項で

## ②現金に換価しやすい財産を保有する。

現金化した方が良いのかな…

　遺産総額より想定される相続税額を計算し、納税資金の確保に努めることも重要です。特に所有する土地が多い人の場合、運用し賃料収入を得たり、事前に売却準備を検討する必要があります。ただし土地は様々な評価減の特例が適用されるうえ、時価よりも相続税評価額の方が低いことが多いので、売却の決定において専門家の意見を参考にしてみてください。納税資金がないからと言って慌てて売るのは安く手放す結果になりかねません。

　納税資金対策をいくつか検討してきましたが、それでも納税資金が確保できない場合、国は延納や物納を認めています。しかしながら延納には利子税がかかりますし、物納で納める土地は相続税評価額および使用した特例適用後の金額で計算されるため、時価よりも相当低い金額で評価される可能性があります。

　いずれにせよ相続税の節税を考えるうえでは、きちんと現金で納税できるよう用意しておくことがポイントになります。

自宅を売らないと相続税が払えない…。そのようなことにならないよう準備しておきましょう！

第4章　相続税対策

コラム
# 相続税の申告書を見直すと税金が戻ってくる事があります

医師であれば、外科・内科・歯科等の専門があるように、税理士にも専門分野があります。大半の税理士は法人税や所得税を専門としており、日常的に相続税申告業務を行う相続税に精通した税理士は非常に少数です。このため、相続税申告を年間50件100件と担当する税理士事務所と、1年間に1～2件しか対応していない税理士事務所では、**専門性が大きく異なるため相続財産の評価や納付する税金は大きく異なる**ことになります。

既に納付された相続税の還付が認められる事由のほとんどは、土地の評価です。土地評価を適切に行う場合、その土地の形状や周囲の状況等の様々な要因を総合的に考慮して評価額を決定する必要があります。しかし、あまり相続税に詳しくない税理士が相続税の課税対象となる土地評価を適切に行うことは困難です。つまり、土地を保有している割合が多い方にとっては、**土地の評価を見直すことで納めた税金が還付される可能性が高くなる**といえます。

## 個別事情により減額できる可能性の高い土地

不整形地(形の良くない土地・正方形・長方形でない土地)

道路と地面の間に高低差がある土地

2棟以上の建物を建てている土地

●不整形地
(形の良くない土地・正方形・長方形でない土地)
●道路と地面の間に高低差がある土地
●無道路地
(道路に接していない、または少ししか接していない土地)
●2棟以上の建物を建てている土地
●道路の間に水路を挟んでいる土地
●500㎡以上の住宅敷地・アパート敷地・田・畑・空地
●市街地にある田・畑・山林　●私道に面した土地
●4m以下の道路に面する土地　●道路・通路になっている土地
●建物の建築が難しく、通常の用途には使用できないと
　見込まれる土地
●傾斜のある土地や、一部崖になっている土地
●都市計画道路や区画整理の予定がある土地
●路線価が付されていない道に面した土地
●土地の中に赤道(里道)や水路が通っている土地
●騒音、悪臭等周囲の住環境が悪い土地
●墓地に隣接している土地　●高圧電線が通っている土地

## 更正の請求を行うと税金が戻ってくる！

　既に相続税申告を終えた後であっても、不動産の再評価を通じて相続税を下げられることがわかった場合、更正の請求をすることが可能です。この払い過ぎた税金を還付してもらう手続き「更正の請求」をすることで、正しい税額と納付額との差額を返金してもらうことが可能です。

## 更正の請求には期限がある！

　相続税を還付してもらう更正の請求は、「相続開始から5年10ヶ月」、または「相続税の申告期限から5年」までに行う必要があります。期限を過ぎてしまうと、権利を失ってしまいます。

　相続財産に不動産があり、かつ特殊事情のある不動産がある場合には、相続税申告に精通した税理士にご相談してみるのも良いでしょう。

●執筆者プロフィール

### ランドマーク税理士法人
代表社員 税理士
立教大学大学院客員教授

### 清田 幸弘

1962年　神奈川県横浜市生まれ。
明治大学卒業。
横浜農協（旧横浜北農協）に9年間勤務、金融・経営相談業務を行う。資産税専門の会計事務所勤務の後、1997年、清田幸弘税理士事務所設立。その後、ランドマーク税理士法人に組織変更し、現在13支店で精力的に活動中。急増する相談案件に対応するべく、相続の相談窓口「丸の内相続プラザ」を開設。また、相続実務のプロフェッショナルを育成するため「丸の内相続大学校」を開校し、業界全体の底上げと後進の育成にも力を注いでいる。2019年4月より立教大学大学院客員教授就任。

# 第5章 生前贈与の活用と注意点

1 生前贈与を上手に活用しよう！
2 いつのまにか暦年贈与が連年贈与に
3 配偶者への贈与は本当にお得か？
4 相続時精算課税制度って何？
5 住宅取得等資金の贈与はおすすめ！
6 孫への優しさ!? 教育資金贈与
7 亡くなる前3年以内の贈与は要注意！

# 1 生前贈与を上手に活用しよう！

**これが理解できればOK!!**

▶ 生前贈与は生きている間に行う贈与のこと
▶ 一般的に贈与税は相続税より税率が高い
▶ 贈与税が非課税になる方法がある

## ●贈与をすると贈与税という税金がかかる

生きているうちに行う贈与のことを総称して生前贈与といいます。相続税対策ではいかに遺産総額を減らし、相続税を減額するかがポイントでした。生前に直接お金を渡せれば最も効果的ですが、容易に財産を移動できればみんな相続税逃れをしてしまいますね。そのため、贈与をすると贈与額に応じた贈与税がかかります。しかも一般的に贈与税は相続税より税率が高いのです。

**贈与税の速算表**
（一般贈与税率）

| 基礎控除後の課税価格 | 税率 | 控除額 |
|---|---|---|
| 200万円以下 | 10% | - |
| 300万円以下 | 15% | 10万円 |
| 400万円以下 | 20% | 25万円 |
| 600万円以下 | 30% | 65万円 |
| 1000万円以下 | 40% | 125万円 |
| 1500万円以下 | 45% | 175万円 |
| 3000万円以下 | 50% | 250万円 |
| 3000万円超 | 55% | 400万円 |

基礎控除　110万円

**相続税の速算表**
（平成27年1月1日以後の場合）

| 法定相続分に応ずる取得金額 | 税率 | 控除額 |
|---|---|---|
| 1000万円以下 | 10% | - |
| 3000万円以下 | 15% | 50万円 |
| 5000万円以下 | 20% | 200万円 |
| 1億円以下 | 30% | 700万円 |
| 2億円以下 | 40% | 1700万円 |
| 3億円以下 | 45% | 2700万円 |
| 6億円以下 | 50% | 4200万円 |
| 6億円超 | 55% | 7200万円 |

基礎控除額　3000万円＋法定相続人の人数×600万円

➡ 比べると贈与税の方が、税率が高いです

### 贈与税の速算表(特例贈与財産用)

| 基礎控除後の課税価格 | 税率 | 控除額 |
|---|---|---|
| 200万円以下 | 10% | - |
| 400万円以下 | 15% | 10万円 |
| 600万円以下 | 20% | 30万円 |
| 1000万円以下 | 30% | 90万円 |
| 1500万円以下 | 40% | 190万円 |
| 3000万円以下 | 45% | 265万円 |
| 4500万円以下 | 50% | 415万円 |
| 4500万円超 | 55% | 640万円 |

基礎控除額　110万円

## ●非課税枠の活用はメリットが大きい!!

　相続税より税率が高いとなると、生前贈与にメリットが感じられないかもしれません。相続の計算では控除や特例を使い相続税を少なくする方法があったことを覚えていますか？　贈与税にも**一定の条件下で税金が非課税になる**方法があります。特例の税率しかり、国としても贈与を活用できるよう、様々な特例を定めています。また、**年間110万円までの贈与は贈与税がかからない**ので、少額ずつではありますが、財産を分散して次の世代に渡すための手段になりそうです。

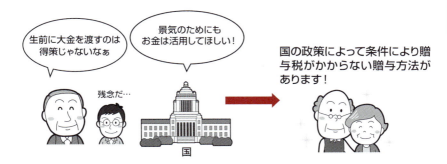

　この章では生前贈与の具体的な活用方法について一緒に学んでいきましょう。税金対策はコツコツ地道に行うことが鉄則です！

第5章　生前贈与の活用と注意点

## 2 いつのまにか暦年贈与が連年贈与に

### これが理解できればOK!!

▶ 贈与の活用に重要な暦年贈与
▶ 連年贈与は贈与税の対象とみなされる
▶ 相続時精算課税制度の活用は要注意！

## ●暦年贈与が連年贈与とみなされるはめに！

　贈与税は1年間に受けた贈与分から基礎控除額110万円を引き、税率をかけて計算します。この課税方式による贈与を暦年贈与といいます。暦年贈与を活用すると、1年ごとに110万円までの非課税枠を使えることになります。贈与税は贈与を受けた側が支払うため、あげる側にはかかりません。よって毎年110万円以下の金額を複数人に、複数年渡し続けると…財産が大きく減る＝相続税対策になるといえるでしょう。しかし大きな落とし穴が…。なんと暦年贈与を毎年行なっていたのに連年贈与だとみなされることがあるのです。

▶贈与のイメージ

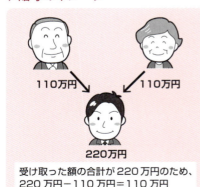

受け取った額の合計が220万円のため、220万円－110万円＝110万円
110万円に対して贈与税がかかります。

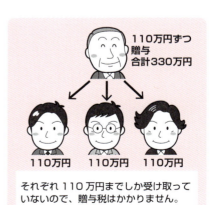

それぞれ110万円までしか受け取っていないので、贈与税はかかりません。

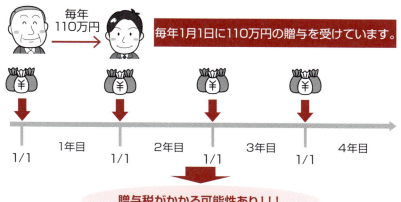

　上記の図ですが、多くの人がイメージする暦年贈与を複数年活用した方法だと思います。しかしこの場合1年目に440万円の贈与を受けたとして、贈与税が課される危険性があります。税務署は「この贈与はもともと440万円を渡そうとしたのを分散しただけではないのか」と考えるのです。このような贈与を**連年贈与**と言います。

　せっかく長年かけて贈与したのにこれでは意味がありません。連年贈与と捉えられないためには以下のことを意識してみてください。

**暦年贈与のポイントは規則性のある贈与をしないこと！**
①毎年同じ日に贈与。
②毎年同金額を贈与する。
③毎年同じ形式の契約書を使いまわすなど…。

　暦年贈与は1回ごとの贈与金額は小さいですが、早いうちから複数の人に長年行い続ければ効果は確実にあります。

　なお、相続人に対しての生前贈与は、死亡時よりさかのぼり**3年以内は持ち戻して相続税に組み込まれます**ので、余命宣告されている場合などは、相続人以外の人への贈与の方が相続税対策としては得策といえるでしょう。また88ページで説明する**相続時精算課税制度とは併用できない**ので、よくよく考えましょう。

第5章 生前贈与の活用と注意点

# 3 配偶者への贈与は本当にお得か？

**これが理解できればOK!!**

▶配偶者贈与の対象は居住用不動産もしくは自宅取得資金
▶特例が適用すると2000万円まで贈与税0円

## ●配偶者への贈与の特例に飛びつくな!?

　配偶者への贈与は、最大2000万円の控除があることと、条件が比較的整いやすいので魅力ある節税対策に見えます。しかしながら、何も考えずに飛びついてはいけません。実は損をしてしまうケースが大半です。

居住用住居の贈与時の配偶者控除を使って2000万円の自宅を贈与

【居住用住居の贈与時の配偶者控除の条件】

一見とても良さそう…しかしこんな側面もあります！

【不動産評価額2000万円の自宅を夫から妻へ名義を変える場合】

 土地 1500万円　 建物 500万円　＝計2000万円

|  | 贈与時 | 相続時 |
| --- | --- | --- |
| 贈与税 | 0円 | 0円 |
| 不動産取得税 | 37.5万円（土地1.5%・家屋3%） | 0円 |
| 登録免許税 | 40万円（2.0%） | 8万円（0.4%） |
| 司法書士報酬 | 6〜8万円 | 8〜10万円 |
| 税理士報酬 | 8〜10万円（確定申告） | 0万円 |
| 合計 | 91.5〜95.5万円 | 16〜18万円 |

▶ 生前贈与の方が相続時よりも不動産移転に多額の税金がかかる！

## ●配偶者への贈与の方が損をするケースがある

　上記の図のように不動産の名義変更を行うと、必ずしもこの特例を使うことが得策ではないことがわかります。この制度の場合、贈与した方がよいのか、相続時に渡した方がよいかは遺産総額によって異なります。法定相続分で1億円を超す場合は、相続税の税率が上がるため、生前に贈与をしていたほうが節税になる可能性が高いです。また贈与しても配偶者の方が先に亡くなってしまうと意味がありません。

　節税対策を行う場合は、多方面からのアプローチが不可欠です。専門家に相談しながらその人にあった良い方法を見つけましょう。

 この制度は新たな居住用住宅購入のための資金を贈与する場合の方が節税効果があります。状況によって判断しましょう。

# 相続時精算課税制度って何？

### これが理解できればOK!!
▶ 父母・祖父母➡子・孫への贈与で適用
▶ 先に財産を渡したい人には有効手段
▶ 暦年贈与は使えなくなるのでよく考えて！

## ●贈与税が相続税に変換！

相続時精算課税制度は、贈与時にかかる**贈与税を将来相続時に、相続税と通算して精算する制度**です。今すぐ子や孫に贈与する必要性がある人にとって多額の贈与税を支払うことなく渡せる手段です。

### 【相続時精算課税制度の仕組み】

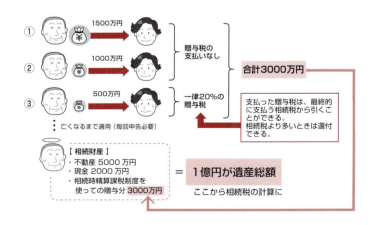

**【相続時精算課税制度が使える人】**

贈与者：贈与した年の1月1日において60歳以上の父母・祖父母

2500万円まで贈与税かからず

贈与を受ける：贈与を受けた年の1月1日において20歳以上の子OR孫（推定相続人）又は孫

## ●相続時精算課税制度の注意点

　生前のうちに確実に財産を特定の子や孫に渡しておきたい、または子や孫が緊急でお金を必要としているから助けてあげたいなど贈与したい理由がある人にとって、相続時精算課税制度は活用する価値があります。しかしながら、制度には以下のデメリットもあります。

**【相続時精算課税制度のデメリット】**

① **暦年贈与が使えなくなる**
　一度相続時精算課税度を選ぶと、同じ関係者間では暦年贈与は適用できない。

① **小規模宅地等の特例が受けられない**
　同居住居等の贈与を受けた場合、その住居は小規模宅地等の特例の対象とならなくなる。

　一度相続時精算課税制度を始めると、一生やめることはできません。また贈与のたびに税務申告が必要になります。最終的に相続税として支払うので、残念ながら節税対策としては期待できません。反対に暦年贈与が使えなくなるというデメリットのほうが大きいと言えます。
　遺産総額からして将来相続税はかからなそうだが、今すぐ贈与をしたいという理由がある人は贈与税分を節税できるので、ぜひ制度をうまく活かしてください。

# 5 住宅取得等資金の贈与はおすすめ！

### これが理解できればOK!!

▶住宅取得等資金の贈与は年度で非課税枠が違う
▶対象は金銭の贈与のみ。不動産はNG
▶非課税枠でも申告は必須

## ●住宅取得等資金の贈与は相続税対策にも◎

　子供の住宅購入時に援助をしたいと考えている人は必見！住宅取得等資金贈与の制度です。住宅取得を前提としている場合、親から子の贈与に贈与税の非課税枠が設けられています。ただし特例措置のため、**年度によって非課税枠が異なります。2019年度現在最大3000万円まで非課税です！**　制度を利用し住宅取得＆相続税対策を考えてる親子は、利用時期を見極めましょう。

不動産での贈与はできません。また申告期限までに全額かけて住宅を取得し、住んでください。

【受贈者の条件】

贈与をうけた年の1月1日において20歳以上の直系卑属

贈与を受けた年の所得税にかかる合計所得金額2000万円以下

平成21年〜26年分のこの制度の適用を受けたことがない

日本に住所がある

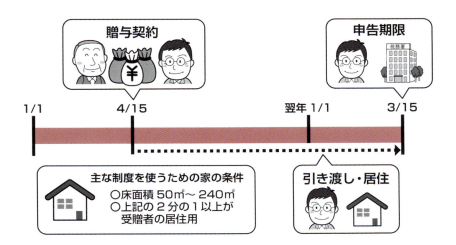

　なお、義理の父母（配偶者の親）からの贈与では適用されません。必ず、自分の親からの贈与です。夫婦それぞれの親から援助を受けて住宅を共有名義にすることは可能です。

　非課税枠といっても税務申告あってです。贈与の翌年3月15日までに申告を忘れずに行ってください。

**参考　住宅取得等資金の非課税枠**（消費税の税率が10％の場合）

| 住宅用家屋の新築等に係る契約の締結日 | 省エネ等住宅 | 左記以外の住宅 |
|---|---|---|
| 平成28年1月1日～<br>令和2年（2020年）3月31日 | 3000万円 | 2500万円 |
| 令和2年（2020年）4月1日～<br>令和3年（2021年）3月31日 | 1500万円 | 1000万円 |
| 令和3年（2021年）4月1日～<br>令和3年（2021年）12月31日 | 1200万円 | 700万円 |

※国税庁HPより抜粋

# 6 孫への優しさ!? 教育資金贈与

**これが理解できればOK!!**
- 教育資金贈与は1500万円まで非課税
- 金融機関に贈与したお金を管理してもらう
- その都度贈与も非課税になる

## ●祖父母から孫への思いやり贈与

可愛い孫に教育資金を援助して、相続税対策にもなるなら一石二鳥と考えている方、結構多いかと思います。教育資金贈与は金融機関を通して、30歳未満の子、孫へ教育資金を贈与する方法です。最大1500万円まで非課税になります。通常の贈与と手続きが異なるので複雑に感じますが、仕組み自体はそんなに難しくありません。

祖父母・父母 → 1500万円まで非課税 → 30歳未満の子・孫

贈与対象者は30歳未満です。
30歳を超えると契約が終了します。

### ▶教育資金贈与の仕組み

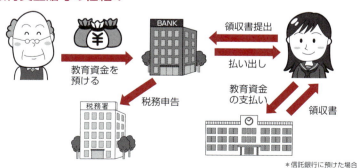

*信託銀行に預けた場合

### ▶教育資金贈与が使えるもの

**非課税枠1500万円まで**
主に学校に対して支払うもの

入学資金・授業料・教科書代・遠足代など

**非課税枠500万円まで**
習い事等の教育資金

スクール代・道具代など
※23歳以上の人については課税される

### ▶贈与の契約終了時

30歳になりました / 使い切ってないよ / 孫が残りを受け取りますが、110万円以上だと贈与税がかかります。

※条件によっては40歳まで適用が可能に。

教育資金贈与は契約時点で全額子や孫に贈与されたものです。よって、
○祖父母、父母の死亡時➡贈与契約は終了しない（ただし条件により残高が相続税の課税対象に）
○子・孫の死亡時➡残りは子・孫の相続財産に
○子・孫が30歳に➡終了。残りは子や孫のものだが贈与税の対象

　教育資金贈与は多額のお金を孫に渡せるので、相続税対策としては有効手段ですが、預けた金額を戻すことはできないので、老後の生活資金などをイメージしたうえで検討しましょう。
　なお、**直系卑属への教育資金の贈与は、一括で渡さなくても、お金が必要な時に贈与しても非課税です**。純粋に孫への援助ならば、必ずしも制度を利用することはありません。専門家に相談してみてください。

第5章 生前贈与の活用と注意点

# 7 亡くなる前3年以内の贈与は要注意！

### これが理解できればOK!!
▶ 亡くなる前3年以内の贈与は相続税の対象
▶ 相続人と受遺者への贈与が対象
▶ 特例の贈与の中には持戻しなしのものもある

## ●亡くなる前3年以内の贈与は相続税の対象に

　贈与税は一人当たり年間110万円までは税金がかかりません。暦年贈与のページでもうまく活用する方法をお伝えしましたが、ひとつ大きな注意点があります。それは、**亡くなる前3年以内に相続人及び受遺者へ行った贈与分は、相続税の対象になる**という点です。

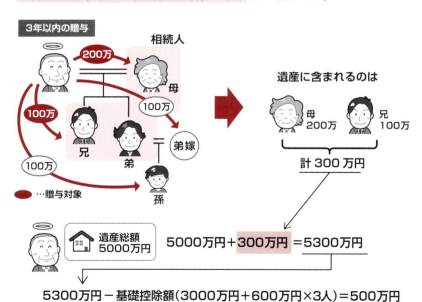

第5章 ▷▷▷ 生前贈与の活用と注意点

➡ 110万円以下の贈与であっても亡くなる前3年以内の贈与は相続税の課税価格に持戻しされます。

## ●亡くなる前3年以内の贈与の注意点

なお、亡くなる3年以内の贈与であっても、以下の特例の非課税枠内は、課税価格に含まれません。

1. 居住用住居の贈与時配偶者控除
2. 直系尊属から住宅取得等資金の贈与
3. 祖父母などから教育資金の一括贈与を受けた場合の贈与
4. 直系尊属から結婚・子育て資金の一括贈与

＊ただし3.4は相続開始時点での残額は含まれます。
（死亡前3年以内に贈与を受けた財産に係る残高に限る）

　生前贈与は長期間、少しずつ行うことが得策です。緊急時に慌てて行っても効果はあまりありません。また配偶者にわたすよりも子や孫などの次世代に渡したほうが、家族全体で見たときに節税になると言えるでしょう。

　この章では生前贈与について取り扱いました。相続税対策ももちろん大切ですが、医療費など、今後費用がかさむ可能性もあります。適切な金額を計画的に渡すため、ご自身にとって一番よい方法をよくよく考えてみてください。

第5章 生前贈与の活用と注意点

095

# 第6章
# 成年後見と認知症対策

1 成年後見制度とは？
2 任意後見契約 ～後見人を事前に決定～
3 意外と高額？ 成年後見人の報酬
4 後見人に関する現代のトラブル

# 1 成年後見制度とは？

**これが理解できればOK!!**
- ▶成年後見人は家庭裁判所が決める
- ▶主な業務は身上保護と財産管理
- ▶成年後見人には法律行為の取消権がある

## ●財産管理と身上保護が成年後見人の仕事

　成年後見制度とは、判断能力が衰えてきた人（成年被後見人と言います）に代わって、様々な法的判断をする人（成年後見人と言います）を家庭裁判所に選んでもらう制度のことです。**成年後見人が行う業務は財産管理と、身上保護の大きく2つに分かれます**。

### 【成年後見制度の仕組み】

成年後見制度＝認知症等で判断能力が衰えてきた人を守るためにできた制度

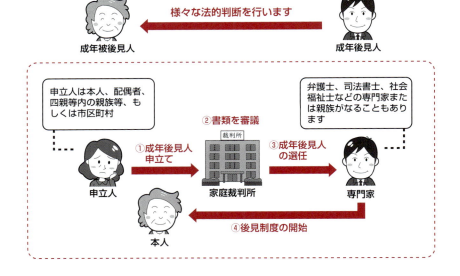

## 成年後見人の主な業務

【身上保護】
- ▶医療や介護に関する契約
- ▶契約後の履行の管理
- ▶施設への入居契約等

【財産管理】
- ▶財産目録を家庭裁判所に提出
- ▶収入や支出について記録、管理
- ▶納税がある場合は手続き等

➡ 成年後見人が全てをできるわけではありません。例えば、**医療行為の同意、身元保証人になる等**は業務内容に含まれません。

成年後見人の業務は主に、法律行為にかかわる契約に関することです。**また成年後見人には成年被後見人が行った、法律行為を取り消す権利があります。**

買います！

成年被後見人

売買契約 ❌

まいど！
不動産業者

成年後見人

ただし、日用品の購入等日常生活に関する行為は成年後見人に権利があります。そのため取消することはできません。

取消権

　成年後見人は成年被後見人の財産や生活を守る立場にあります。当たり前ですが自分の利益を追求したり、遺産分割協議の際、節税対策になるとしても、他の相続人が優位になる提案を受け入れてはいけません。また本人にとって有益だとしても人間関係を考慮したり、財産の運用等までは行いません。
　年に１回程度は家庭裁判所に求められ、財産状況や収支等の報告を行いますが、それを怠ると解任される可能性があります。

# 2 任意後見契約 ～後見人を事前に決定～

**これが理解できればOK!!**
- ▶任意後見契約で将来の後見人を選任
- ▶選任する人の同意が必要
- ▶公正証書で作らなければならない

## ●信頼する人に後見人を頼んでおこう！

　成年後見制度と似たものとして、**任意後見契約**というものがあります。成年後見制度は、家庭裁判所が成年後見人を選ぶのに対し、**任意後見契約は、判断能力が衰える前に自ら将来の後見人を決めておくこと**ができます。

　しかし、任意後見契約は名前の通り「契約」なので、将来後見人を引き受ける人の同意がなければ、そもそも任意後見契約を締結することができない点に注意が必要です。

成年後見制度の場合、家庭裁判所が成年後見人を選任するため、希望が叶うとは限りません。任意後見契約で自分の親しい人に頼めた方が安心ですね。

100　第6章 ▷▷▷ 成年後見と認知症対策

## 【任意後見契約のポイント】

### 任意後見人選任時

**①契約なので、受任者の同意が必要**
一方的に任命することはできません。
作成時に同意が必要になります。

**②公正証書で作らなければならない**
公正証書であることが必須です。公証人は
任意後見契約後、法務局に登記を行います。

### 任意後見契約開始時

**③判断能力の衰えを感じたら、家庭裁判所に任意後見監督人選任の申立てを**
任意後見契約は任意後見監督人が選任されて
効力をもちます。

**④成年後見制度の取消権はない**
任意後見が開始されても、取消権は付与されません。

契約を結んだからと言って、**委任者が元気なうちは受任者に任意後見を行う効力はありません。**あくまで将来認知症などになった時の保険であると考えてください。

　任意後見契約では、双方の合意によりどのようなことを委任するかを自由に決めることができます。しかしながら成年後見制度同様、財産管理や身上保護など、委任者の生活を支えるために必要な権利を与えることが一般的です。介護ヘルパーの方が行うような事実行為（食事の準備、お風呂の介助等）を契約することはできません。

　成年後見制度では本人と全く面識ない人が成年後見人となります。もし頼れる親族や友人がいない人であっても、事前に自分で選んだ専門家に任意後見人を依頼することもできます。認知症になるかどうかは誰にもわかりません。その時のために備えあれば憂いなしです！

# 3 意外と高額？成年後見人の報酬

**これが理解できればOK!!**

▶ 成年後見人に専門家がなると報酬が発生
▶ 一度選任されると一生のお付き合いに
▶ 遺産分割でもめそうなら専門家の方がよい

## ● 成年後見制度のメリット・デメリット

　親族の判断能力が衰えてしまった場合、「すぐに成年後見人を家庭裁判所に選んでもらわないといけない！」と思うかもしれません。しかし、そんな時は焦らず、本当に成年後見制度を利用する必要があるのかをよく考え、行動するようにしましょう。

　成年後見制度を利用したことで、親族の負担が逆に増えてしまうケースもあります。その原因の一つが、成年後見人の報酬です。成年後見人には専門家（弁護士・司法書士等）が選任されるケースが多く、成年後見業務の対価として当然報酬が発生します。

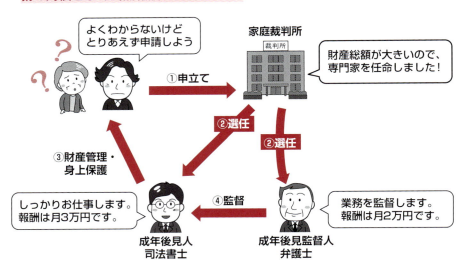

102　第6章 ▶▶▶ 成年後見と認知症対策

**成年後見人は一生のお付き合い**

一度任命されると、成年後見人辞任を希望したり、何かしらの不正があるなど、正当な理由がないと安易に辞めさせることはできません。成年被後見人にとって一生の付き合いになると考えてよいでしょう。

➡ つまり、財産総額によって異なりますが、長年に渡って、年間40万～60万円程度の報酬費用がかかることもあります。しかし、専門家がなることのメリットももちろんあります。

【成年後見人に専門家がなるメリット】

書類申請を代行してもらえます

成年後見人は家庭裁判所に定期的に財務状況を報告しなければなりません。

公平中立な立場の第三者が後見人になることで、将来的に遺産分割協議の争い回避に

親族が管理していると、使い込みなどを疑われることも。

財産の管理がメインであれば本人に意思能力があるうちに信託契約を結ぶ方法もとれます。詳しくは第8章で取り扱います。

　成年後見人制度を利用し、専門家が選任されると、成年後見人に対して報酬を支払う義務が発生し続けることになります。日常生活を送るうえでは、成年後見人が必ずしも必要とは限りません。しかしながら、不動産を売却して介護費用に充てたりする時などは意思能力がない人にはできませんし、親族であっても勝手に代理人になることはできません。状況によって、制度を利用するか判断してください。

# 4 後見人に関する現代のトラブル

**これが理解できればOK!!**
- ▶残念ながら不正な財産の使い込みはある
- ▶資産を増やすことは成年後見人の業務外
- ▶トラブル回避のために事前に対策を

## ●成年後見制度の問題点

　成年後見制度は成年被後見人を保護、支援するためにできた制度です。高齢者人口の増加に伴い、制度の利用者も年々増えていますが、残念ながら制度を利用したことにより発生してしまったトラブルもあるのです。

### トラブル事案 その① 親の財産の使い込みが発覚！

父と同居している兄が父の成年後見人となっています。しかしながら父の生活費の名目で父の年金より月あたり10万円〜20万円ほど引き出し自分の生活費と混同して使っているようです。父の財産が目減りするのではないかと心配です。

➡ **私的流用等、明らかな不正行為の場合、成年後見人の解任を求めることも**

不正な行為があれば、成年後見人を解任できる可能性もあります。しかしながら、お兄様は裁判所に財産状況を報告しているはずなので、月10万円〜20万円の生活費の使用はお父様の生活にとって現状は適切な金額と判断されていると思われます。あくまでも決定するのは家庭裁判所なのです。

## トラブル事案 その② 親の資産管理が出来ない

母はもともと地主の生まれで、自分自身でアパートを数棟管理していました。しかし母が認知症になり、専門家が成年後見人になりましたが、アパートの管理についてはノータッチのようです。

### ➡ 残念ながら成年後見人の業務外です

成年後見人の仕事はお母様の財産管理と身上保護です。老人ホーム入居ための資金作りを目的としたアパートの売却等は行いますが、アパートの補修修繕等や利益を得るための売却等、資産運用に関しては成年後見人の仕事ではないのです。

▶家族信託の活用で心配事を回避

上記のトラブルは認知症になる前に家族信託を結んでおくことで第三者に管理・運営を任せることができます。家族信託については第7章で詳しく説明します。

## 【トラブル回避のためにも】

①任意後見契約で後見人を信頼できる人にお願いしておく！
②家族信託で財産管理を自由に行えるよう整えておく！

生前対策もそうですが、何事も早め早めに対策をとることが大事です！意思能力が衰えてしまうと、出来なくなってしまうことがほとんどです。

　残念ながら成年後見制度にも限界があり、成年後見人が職務を全うし、成年被後見人の財産や権利を守るが故、周りの親族と意見の食い違いが生じ、トラブルに発展してしまっているという現状もあります。安易に制度を利用するのでなく、本人に適正であるかは常に考えるべきなのです。

コラム
# 成年後見制度の活用の前に再確認！

### 成年後見制度の利用者は、認知症の患者の4％程度

　現在の日本では、500万人以上の認知症患者がいると言われております。また厚生労働省による推計では、2025年には700万人を超えるとしており、増加の一途を辿っております。

　しかしながら、見出しにも掲げましたが、現在のところ「成年後見制度の利用者は、認知症の患者の4％程度」となっております。つまり、「認知症＝後見人を付ける」という事ではないのです。

　あくまで、認知症の方の身上保護や財産管理において、必要不可欠な状況が見受けられる場合に利用されているということです。後見制度は、専門家後見人の報酬が高額であるなど、運用面において様々な課題が出ており、見直しが検討されております。

　もちろん、後見制度でなければ守れない高齢者の方がいらっしゃる事も紛れもない事実です。成年後見制度の活用の前に、きちんと法律家に相談してメリット・デメリットを確認したうえで活用するようにしましょう。

●執筆者プロフィール
**弁護士法人法律事務所オーセンス**
弁護士　川口　真輝　（第二東京弁護士会所属）

2012年弁護士法人 法律事務所オーセンス入所。現在は、東京オフィスの支店長を務める。
相続・離婚・刑事事件等の各種個人法務案件のみでなく、企業法務案件にも取り組み、約300件以上の法律問題を解決に導く。
相続や債権法に関するセミナー・講演活動にも積極的に取り組んでいる。

# 家族信託の活用

1 家族信託ってどんな制度？
2 成年後見制度と家族信託
3 不動産売却と家族信託
4 資産の承継と家族信託
5 自社株の承継と家族信託
6 親なき後の問題と家族信託
7 家族信託（金銭信託）

# 1 家族信託ってどんな制度？

**これが理解できればOK!!**
- ▶委託者・受託者・受益者の言葉の意味を理解しよう
- ▶信託には、民事信託と商事信託が存在する
- ▶家族信託も福祉信託も、民事信託の仲間である

## ●まずは信託の基本構造をイメージしよう！

信託とは、<mark>自分（委託者）の財産（不動産や預貯金等）を、信頼できる人（受託者）に託し、特定の人（受益者）のために、実現したい目的に従って財産を管理・処分してもらう財産管理方法</mark>のことです。

下記の図を見てください。信託を活用するとこのようなことも実現できるのです。

AさんがBさんに自身が所有するアパートの管理を託した場合、たとえAさんが認知症になってしまったとしても、BさんがAさんのためにアパートを管理し、適切にAさんに賃料を渡していくことが可能となるのです。

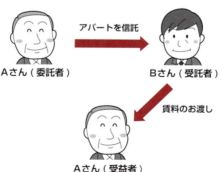

Aさん（委託者）→アパートを信託→Bさん（受託者）→賃料のお渡し→Aさん（受益者）

【重要キーワード】
財産を託す人→「委託者」
託された人→「受託者」
託された財産から利益を受け取る人→「受益者」

## ●「民事信託」と「商事信託」の違いとは？

信託には、民事信託と商事信託という区分があります。この2つの違いは、受託者が財産を託されて管理・運用することを営利目的で行っているか否かという点です。民事信託は営利目的ではなく、信頼できる家族間で信託契約等を交わすため、家族信託と呼ばれたりもします。

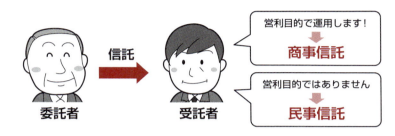

## ●いろいろな民事信託

営利目的でない民事信託の中にも、実はたくさんの呼び名が存在します。受託者が個人であるため"個人信託"、受託者が家族のため"家族信託"、障害がある家族のために活用する"福祉信託"と色々な呼びかたがあります。

色々な名称の信託が出てくるので分かりにくくなっていますが、これらは民事信託の1つとして考えていただければよいでしょう。

# 成年後見制度と家族信託

**これが理解できればOK!!**
▶ 家族信託は長期間に渡る契約が可能
▶ 受託者は財産管理や資産運用も可能
▶ 家族信託ではランニングコストにもメリット

## ●成年後見制度と家族信託の違いを理解しよう!

　成年後見制度と家族信託は、どちらも財産管理手法の1つです。しかしこの2つは様々な点で異なります。相違点は多岐に渡りますが、ここでは3つに絞って説明していきたいと思います。

【成年後見制度と家族信託の比較】

|  | 成年後見制度 | 家族信託 |
| --- | --- | --- |
| 存続期間 | 一代限り | 長期に渡ることも可能 |
| 財産の管理方法 | 積極的な運用はできない | 目的にしたがい積極的な運用も可能 |
| 存続期間中のコスト | 後見人の費用 | 受託者の費用は必ずしもかからない |

### ❶成年後見制度と家族信託は、いつからいつまで続くの?

　成年後見制度は、本人の判断能力が低下してから、本人が亡くなるまで、つまり**一代限りの期間**に限定されるのです。
　それに対して家族信託は、信託契約を交わした時からスタートし、場合によっては、**本人の亡くなった後も数世代にまたがって長期に渡り、財産管理をしていくことが可能**になります。

## ❷家族信託では、積極的な財産管理が可能!

成年後見制度では、後見人が財産管理を行いますが、家庭裁判所に報告をしながら進めていく必要があります。成年後見制度は、本人の生活のための財産管理の制度であり、老後資金の確保のための不動産の売却を、家庭裁判所が許可してくれないこともあります。相続対策のために不動産を購入することは、成年後見制度では不可能です。

一方、家族信託は家族間の信頼を基礎とし、信託の目的(本人の希望)を達成するためならば、**受託者は相続対策にも備えた柔軟な財産管理や資産活用も可能**です。

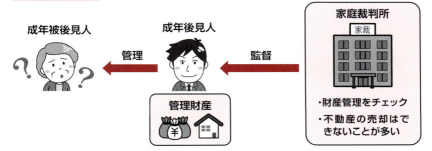

## ❸意外にかかる!成年後見制度のランニングコスト!

**成年後見制度では、専門職後見人が財産の管理を行うとき、"報酬"というランニングコストが月々発生します。**

一方、家族信託は、受託者の報酬を無報酬とすることもでき、その場合はランニングコストがかかりません。

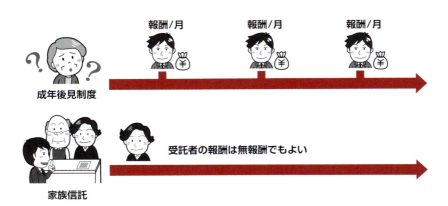

# 3 不動産売却と家族信託

> **これが理解できればOK!!**
> ▶ 信託すると、不動産は受託者の名義になる
> ▶ 委託者が認知症になっても不動産の売却はできる

## ●成年後見制度の限界を超える？

前述したように、信託を活用した場合、成年後見制度では実現できないことも可能になります。その1つが不動産の売却です。

下記の事例で解説します。

**事例▶▶▶**

Aさんは将来、自宅を売却して、その資金をもとに老人ホームに入居したいと考えていました。
そこでAさんは、自分を委託者兼受益者、長女を受託者として信託契約書を作成し、長女に自宅を信託しました。

委託者兼受益者
Aさん

受託者
長女

### ポイント❶ ▶▶▶ 不動産の名義が長女に変わる！

右の登記簿謄本を見てください。信託をすると、不動産の名義は、委託者であるAさんから受託者である長女へ移転します。

登記簿上は名義が変わってしまうので、完全に所有者は受託者となり、受託者が自由にその財産を処分できると誤解されてしまうかもしれません。しかし、受託者にはそのような自由な財産の処分権はありません。

信託により、受託者である長女は、信託の目的にしたがって、受益者であるA子さんのために不動産を管理していきます。

112  第7章 ▷▷▷ 家族信託の活用

| 権利部（甲区） | (所有権に関する事項) | | |
|---|---|---|---|
| 順位番号 | 登記の目的 | 受付年月日・受付番号 | 権利者その他の事項 |
| 2 | 所有権移転 | 平成○年○月○日<br>第○号 | 原因　平成○年○月○日売買<br>所有者　○○県○○市○○町○丁目○番○号<br>**Aさん** |
| 3 | 所有権移転 | 平成○年○月○日<br>第○号 | 原因　平成○年○月○日信託<br>受託者　○○県○○市○○町○丁目○番○号<br>**長女** |
| | 信託 | 余白 | 信託目録第○号 |

## ポイント❷ ▶▶▶ Aさんが認知症になっても不動産を売却できる！

老人ホーム入居資金をつくるための自宅売却が信託の目的ならば、受託者である長女は、自宅を売却できます。

不動産売却の際、司法書士による売主の本人確認や売却の意思確認が必要ですが、確認の対象は受託者である長女です。

そのため、Aさんが認知症で判断能力を失っていても受託者の長女が信託目的にしたがって売却手続きを進められます。

### 【信託財産の不動産を売却】

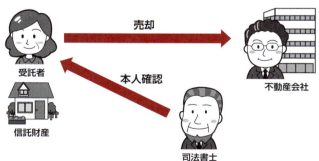

信託目的にしたがい、受益者のために相続対策として、受託者は不動産を購入することもできます！

# 資産の承継と家族信託

**これが理解できればOK!!**
- 信託なら後継ぎ遺贈も可能
- 受益者は数世代先まで指定することが可能
- 30年ルールには注意

## ●遺言書の限界を越える資産の承継方法

「自分が亡くなった後は長女に自宅を相続させ、長女が亡くなった後は長女の子供である孫に自宅を相続させたい」と考えている方もいらっしゃるかもしれません。しかし、残念ながらこのような内容の遺言書を作っても、遺言者の思いは実現できません。

そこで、この遺言者の意思をかなえるのが、「後継ぎ遺贈型受益者連続信託」という信託です。

下記では、そのポイントをわかりやすくまとめます。

### 【後継ぎ遺贈型受益者連続信託のイメージ図】

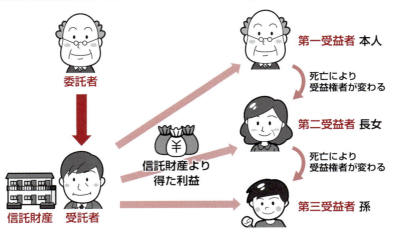

## ポイント❶▶▶▶受益者は数世代先まで指定することが可能！

　家族信託が開始すると、すでに述べたように受託者が受益者のために財産を管理することとなります。そして、受益者は信託財産から生じる利益を受け取る権利（受益権）を取得します。

　信託では、この<mark>「受益権」を取得する者を数世代先まで設定することができます</mark>。

　「最初の受益者は自分、自分が亡くなったときは長女を受益者とし、長女が亡くなった後は長女の子供である孫を受益者とする」ことも可能です。

> 受益権は、相続によって移動しているわけではありません！
> 信託契約に指定された受益者が受益権を得るのです。

## ポイント❷▶▶▶後継ぎ遺贈型受益者連続信託は期間に注意！

　上記のように、受益者の指定は数世代先までも可能です。一方、<mark>「信託を開始してから30年を経過した後は、次の受益者までしか続かない」という期間制限</mark>（いわゆる30年ルール）があり、この点は注意が必要です。イメージしにくいと思うので、下記の図を参考にして下さい。

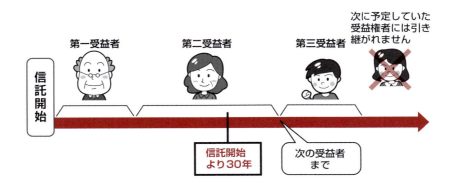

第7章　家族信託の活用

# 5 自社株の承継と家族信託

> **これが理解できればOK!!**
> ▶ 自社株を信託することで、認知症対策になる
> ▶ 自社株が譲渡制限株式の時は注意する
> ▶ 指図権を活用しながら、社長さんの思いを実現する

## ●中小企業の社長さんこそ、家族信託を活用するべし！

　会社の社長さんが自社株を過半数以上持っている場合、その社長さんが認知症になってしまうと、議決権を行使することができず、株主総会で何も決められないという事態が発生してしまいます。

　これを避けるため、株式を生前贈与する方法がありますが、自分が元気なうちは自ら経営判断をしたいという方もいらっしゃるでしょう。また、贈与税が多額になるという問題もあります。

　この問題の解決策として自社株式を信託する家族信託があります。

1. 信託により、自社株式の株主は社長さん（委託者）から受託者に変わり、受託者が議決権を行使します。

2. 信託により、株主となった受託者は株主名簿を書き換えるよう会社に依頼し、名簿を書き換えます。

## ●譲渡制限株式の場合には注意！

非上場株式の大半は、株式を譲渡する際には株主総会や取締役会の承認を受けなければ、譲渡することができません。このような株式を、"譲渡制限株式"と言います。

譲渡制限株式を信託する場合には、株主総会や取締役会の承認を事前に受けた上で信託する必要があります。信託する前の株式の信託譲渡の承認、その承認が行われたことを記録する株主総会や取締役会の議事録の作成、信託譲渡の承認を依頼した委託者となる社長への通知といった一連の手続きは確実に行ってください。

議事録を作成したりする業務は、信託契約書を作成する専門家がしっかりサポートしてくれると思いますので、皆さんはそこまで心配をする必要はないかもしれません。

## ●指図権を有効活用する！

社長さんの認知症対策として株式を信託した場合、元気な今から受託者が議決権を行使し、本人の議決権がなくなってしまっては、社長さんが思い描いていた結果とは異なり、問題となってしまいます。

信託を活用すれば、「社長さん（委託者）が元気なうちは、委託者の指示によって受託者は議決権を行使すること」という条件を付けることができます。この受託者へ指示する権利のことを"指図権"と言います。これによって実質的な経営権は、引き続き社長さんが維持でき社長さんの不満も解消です。

# 6 親なき後の問題と家族信託

**これが理解できればOK!!**

▶ 家族信託を活用し、後見人との役割分担を明確にする！
▶ 障害がある子の亡き後の財産の帰属先も指定可能

## ●福祉信託の活用

　障害がある子供を親が介護している場合、親が先に亡くなった後において、子供が安心・安全に人生を送れるように支援できるかが非常に重要な問題です。これは障害がある子供を持つ親として、一番の心配事です。

　成年後見制度と家族信託（福祉信託）を併用することで、親なき後の子供の福祉的な生活の確保が可能となります。

親なき後の問題には、成年後見制度や民事信託だけではなく、NPO法人や地域を巻き込みながら、対策にあたっていくことが重要です。

## ●後見人と受託者が役割を分担

障害がある子供の後見人は、「身上保護」と「財産管理」という責務を負うことになります。

家族信託を併用すると、<mark>「身上保護」を行うのは後見人、主たる財産の管理は受託者</mark>と役割分担をすることも可能になります。これにより、後見人の業務負担を軽減することもでき、後見人は「身上保護」により力を入れることができようになります。

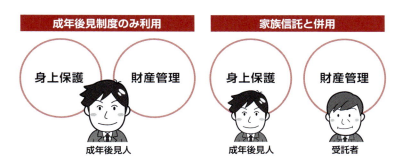

## ●障害がある子供が亡くなった後の財産は？

障害がある子供に相続人がおらず、その子供が遺言書も書くことができない場合には、親が遺した財産は最終的に国庫に帰属します。

子供が亡くなった後の財産の行く末まで、親としてしっかりと決めておきたい方は、<mark>子供亡き後（信託の終了）における、残余の財産の帰属先を信託契約書で指定をしておき、その通り実現することで、国に限らず親が希望する先に財産を引き継ぐことができます</mark>。

# 7 家族信託（金銭信託）

## これが理解できればOK!!

▶ 預貯金債権は信託できない
▶ 信託口座を作成するには、銀行との事前交渉が必要
▶ 信託した財産は、相続財産とならない

## ●預貯金の信託は可能？

　金融機関に預金すると、預金者は金融機関に預金した金銭を引き出す権利、預金債権を有します。その預金債権について、預金規定や預金約款では、**「預貯金債権は第三者に譲渡できない」**と記載されています。そのため、"Ａ銀行Ｂ支店の口座番号Ｃ"を信託することはできません。預金となっている金銭を信託する場合、預金を引き出してその金銭を受託者の口座に送金します。信託契約には、信託財産の目録に信託金銭◯◯円と記載します。

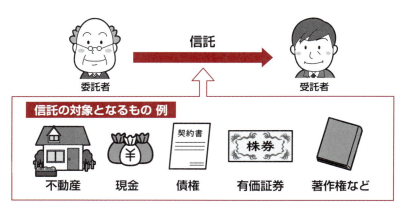

**信託の対象外**
　○預貯金債権
　○債務（ただし、債務引受は可能）など

## ●まだまだ普及段階の家族信託

　金銭が信託された場合、受託者は自身の財産と信託財産を分けて管理をしなければならないため、金融機関に"委託者Ｄ受託者Ｅ信託口"といった名義の信託口口座を作り信託金銭を管理することをめざします。しかしまだまだ**信託は新しい制度であるため、すべての金融機関で信託口座開設に対応していない**のが現状です。

どうしても金融機関が信託口座を作成してくれない場合には、受託者は、信託金銭を管理する専用の口座を開設し、その口座で管理することもできます。しかしその場合、金融機関の対応上、受託者が亡くなったときや受託者が破産したときの問題があり、完全な分別管理とはなっていない状態となり注意は必要です。

## ●信託財産は、相続財産とはならない！

　信託した財産は、受託者に移転しています。そのため委託者兼受益者に相続が発生したとき、委託者兼受益者の相続財産ではありません。委託者兼受益者が亡くなっても信託は引き続き継続し、次の受益者のために信託財産の管理が続きます。

　そのため、信託口座に入金されている預貯金は委託者の財産でも受託者の財産でもないため、委託者や受託者が亡くなったとしても口座は凍結されず、信託契約に基づいて続いていくことになります。

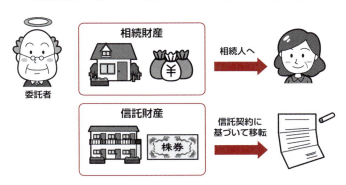

**コラム**

# 老人ホームへの入居と 不動産売却

　近年、「将来、老人ホームへ入居する際には、自宅を売却して入居費用に充てたい。」と考えている方が増えてきたように感じます。その背景には、子供達に金銭面で負担をかけたくないという親心があるのかもしれません。

　しかし、ちょっと待って下さい。老人ホームへ入居する際、本当に不動産を売却することができますか？　認知症になっている可能性はありませんか？

　認知症になってしまうと当然ながら自宅の売却はできません。自宅を売却して老人ホームの入居費用に充てたいと思っていても、何も対策をせずに認知症になってしまうと、結果的に老人ホームの入居費用は子供達が負担することになってしまうのです。

　そこで、今注目をされている認知症対策の１つとして、「家族信託」というものがあります。これは、自分の信頼できる人に財産を託すという制度です。

　例えば、**自宅を子供に信託すると、子供が親のために不動産の管理を行うことができるようになります。**子供が親の生活のために不動産の売却が必要と判断すれば、**親が認知症になっていたとしても子供は単独で自宅の売却ができるのです。**

　信託の面談をしていると、中には不安に思われる方がいらっしゃいます。それは、自宅を子供に信託すると、自宅の名義が子供に変わってしまうか

らです。

　しかし、ここで勘違いをしていただきたくないのは、あくまでも子供は、親の生活のために不動産を管理・処分する人にすぎず、**自宅が子供のものになるわけではないのです。**

　まだまだ普及段階にある家族信託。専門家でも信託を正しく理解して、説明できる専門家は多くありません。まずは信頼できる信託の専門家にご相談されることをおすすめします。

●執筆者プロフィール
### 司法書士法人オーシャン
司法書士 **山﨑 亮太郎**

2012年司法書士法人オーシャン入所。現在は登記センターのセンター長を務める。豊富な経験より、不動産登記関連の手続き業務について広い見識を持つ。付加価値の高いコンサルティングサービスの提供をめざし、強みである不動産登記関連業務に加えて、遺産相続のコーディネート、生前対策のコンサルティング、信託業務などに精力的に取り組んでいる。

コラム

# 障害者支援と家族信託

　障害を持つ子への生活支援は、一般的にはその親が担っておりますが、もし、その親が先に死亡してしまった場合、誰が子供の支援をしていくのでしょうか。こうした問題を、「親なき後問題」と言います。

　この場合、子だけでは自立した生活ができないため、代わりに支援してくれる人（後見人）を家庭裁判所に選んでもらい、後見人は子の「身上保護」と「財産管理」を行っていくことになります。

　しかし、最近では後見人制度のみを利用するのではなく、家族信託と併用して、親なき後問題を解決しようとする動きが見られるようになってきました。

　家族信託を活用すると、親が持っている預貯金や不動産を信頼できる人（受託者）に託すことができ、親が亡くなった後も家族信託は継続されるため、事前に将来にわたる子の財産管理を設計することが可能となります。

　親なき後は受託者が財産管理を行い、後見人は身上保護を主に担当することで、裁判所の意向によらず、親の意向に沿って子の財産管理をしていくことができるのです。

●執筆者プロフィール
**司法書士法人 F&Partners**
司法書士 **山西 康孝**

2016年、司法書士法人F&Partners入所。所内において信託事業の責任者を勤める。民事信託について定期的に主催セミナーを開催し、地域の一般のお客様に対しての普及活動に精力的に取り組んでいる。また、民事信託はもちろん、遺言、後見など生前対策全般に対して深い知識と情熱をもっている。決して妥協することなく一人ひとりのお客様にとってベストな対策をご提案させて頂くことを信条に、日々の業務に取り組む。

# 第8章
# 終活に関する生前契約

1 終活に関するテーマとは
2 老後の生活と老人ホーム
3 財産管理契約と任意後見契約
4 医療・介護に関する意思表示
5 葬儀供養に関する生前契約
6 死後事務委任契約

# 1 終活に関するテーマとは

**これが理解できればOK!!**

▶「終活」は、元々は供養業界を中心として登場した言葉
▶現代の終活は、ライフスタイルにより「十人十色」

## ●「終活」とは？

　2010年頃に、雑誌を始めとしたメディアに登場してきた「終活」という言葉ですが、年々、高齢化社会が本格化していることにより、最近では「終活ブーム」とまで言われるほど、「終活」は人々の関心を集めています。

　元々、終活は、供養業界を中心に「葬儀・供養・お墓」といった内容に限定されて考えられていましたが、現在ではより広範な「人生の終焉に向けた活動」と捉えられ、その中にはご自身の生活のあらゆる側面に関わる内容が含まれています。

　大きくは、「医療・介護・認知症対策」、「財産管理」、「相続対策」、「税金対策」、「葬儀・供養」といったように分けて捉えることができますが、それぞれの中には、さらに様々な活動が含まれているものといえるでしょう。

## ●一人ひとりの終活は、ライフスタイルにより「十人十色」

　では、具体的にご自身の終活ではどのようなことを考えておけばよいのでしょうか？

　それは、財産の状況・健康状態・家族構成・今住んでいる地域などの、まさにご自身がどのような人生を送ってきたか、そして、どのように人生の終焉を迎えたいかを考慮して考えるべき「十人十色」の活動といえるでしょう。

## ～「終活」に含まれる様々な内容～

**葬儀・供養**
・死後事務委任契約
・葬儀と供養の方法
・納骨先

**相続対策**
・遺産承継
・遺言書
・家族信託

**医療・介護・認知症対策**
・老後の居住場所
・身元保証人
・緊急時のキーパーソン
・終末期の医療と方針

**税金対策**
・相続税対策
（評価減対策）
・納税資金対策

**財産管理**
・財産管理契約
・任意後見契約

第8章　終活に関する生前契約

次のページからは、「終活に関する生前契約」という視点から、具体的な終活内容の一端を見ていきましょう！

127

# 2 老後の生活と老人ホーム

**これが理解できればOK!!**

▶老人ホームには様々な種類がある
▶入居する老人ホームは、現在と将来の健康状態・財産や収入の状況・家族環境などを考慮して選ぶ

## ●老人ホームの種類

「老人ホーム」と言っても様々な種類があり、名称やサービス内容も似ているものが多いですが、社会福祉法人・医療法人・地方自治体が主に運営する「公的な施設」と民間事業者が主に運営する「私的な施設」に分けて捉えることができるでしょう。分かりやすく言えば、公立大学か私立大学かといった感じです。

### 【公的な施設と介護保険3施設】

| 種　類 | 特　徴 |
|---|---|
| 介護老人福祉施設<br>（特別養護老人ホーム【特養】） | 要介護高齢者（原則、要介護3以上）のための生活施設 |
| 介護老人保健施設<br>（老人保健施設【老健】） | 要介護高齢者に在宅復帰を目指したリハビリ等を提供する施設 |
| 介護療養型医療施設<br>（【療養病床】） | 医療の必要な要介護高齢者の長期療養施設<br>＊2018年4月から順次、「介護医療院」に変更 |

公的な施設には、①介護保険の施設サービスである「介護保険3施設」（上記表を参照）、②低所得高齢者のための住居である「軽費老人ホーム」（ケアハウスを含む）、③環境的、経済的に困窮した高齢者の入所施設である「養護老人ホーム」があります。

128　第8章▷▷▷終活に関する生前契約

【私的な施設】

| 種　類 | 特　徴 |
|---|---|
| 有料老人ホーム | 「介護型」、「住宅型」、「健康型」の類型がある高齢者のための住居 |
| サービス付き高齢者向け住宅（サ高住） | 状況把握（日中の見守り等）サービス、生活支援・相談サービス、食事サービス等の福祉サービスを提供する高齢者向けの賃貸住宅又は有料老人ホーム |
| 認知症高齢者グループホーム | 介護等の日常生活上の世話と機能訓練が行われる認知症高齢者のための共同生活の住居 |

　私的な施設の「有料老人ホーム」と「サービス付き高齢者向け住宅（サ高住）」の数は、高齢者が安心して暮らせる「高齢者向けの住まい」に対するニーズの高まりから、近年、特に増加する傾向にあります。

## ●老人ホームを選ぶ基準

　以前は、子供たちといった家族が親の老人ホームを選ぶことが多かったようですが、最近の高齢者の方は、ご自身で選ぶ傾向にあるようです。
　しかし、各種の老人ホームにはそれぞれ入居条件（年齢、健康状態、要介護度、入居金の有無など）と退去条件が定められていますので、特に、将来の健康状態などによっては、思いがけず、退去しなければならなくなることがあります。
　入居する老人ホームは、専門家のアドバイスを受けて慎重に選ぶようにしましょう。

「終の棲家に」と考えて、多額の入居金を支払って入居したのに……

第8章　終活に関する生前契約

# 3 財産管理契約と任意後見契約

**これが理解できればOK!!**

▶財産管理契約は第三者に財産管理を依頼する契約
▶任意後見契約との違いは意思能力

## ●財産管理契約とは？

　財産管理契約とは、ご自身が持つ預貯金等の財産を、委任契約によって第三者に管理を依頼する契約です。例えば、身体が不自由になって銀行まで行くことが困難な時であっても、本人でなければ基本的にお金を下ろすことができません。しかし財産管理契約の中に上記を委任するという内容が記載されていれば、受任者にお願いすることができるのです。特にこれから施設に入居する予定がある人は、施設への支払や日々の生活費の管理をどのようにするか考える必要があります。

### 【財産管理契約で出来ること】

各種公共料金等の支払代行

預貯金の管理

老人ホームへの支払や、定期的にお小遣いの受け渡しなど

➡ 財産管理契約は内容を自由に組めます！！

**老人ホームに大金は持ち込めない!?**
老人ホームでは個別の部屋があったとしても、多くの人が一緒に生活している為、管理が行き届かないこともあります。トラブル回避のため施設によっては通帳等を持ち込まないよう指導しているところも。

## ●任意後見契約との違いは意思能力

さて、財産管理契約と同様に財産管理を第三者に委任できる契約があることを覚えていますでしょうか。第6章で取り扱った任意後見契約です。この2つの契約の大きな違いは意思能力の有無です。両方とも第三者との契約になるため、契約書作成時にはもちろん本人の意思能力が必要になります。しかしながら、**任意後見制度は意思能力が低下してから始まるのに対し、財産管理契約は契約を結んだその日から開始**することができます。

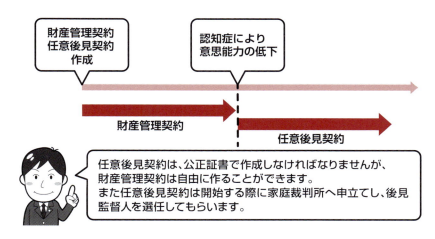

また財産管理契約は将来の任意後見のための準備としても活用することができます。突然、任意後見契約が開始してしまうと、受任者はそこから財産の把握や管理方法について検討しなければなりません。しかし、委任者の判断能力がある内に受任者が財産管理を行うことで、上記の問題を解決できます。

よく信頼する子供にキャッシュカードを渡し、代わりに現金を下ろしてきてくれと依頼しがちですが、財産管理契約がきちんと交わされていないと、将来その子供が別の相続人より、財産の使い込みを疑われる可能性があります。そのようなことが起こらないためにも、契約書を作ることは大切なのです。

# 4 医療・介護に関する意思表示

**これが理解できればOK!!**

▶終末医療の方針は、書面で残すことができる！
▶終末期の意思表示と共に、それを医師に明示してくれる人（代理人）を決めておくことが大切！

## ●終末医療の方針（医療の同意）

終末医療の方針は、本人に意識があれば、当然に**本人の意思が尊重**されます。

しかし、終末期においては、本人に意識がない、あるいは意識があっても判断力がない場合も見受けられます。こうした場面では、原則は本人ですが、**家族（妻・子供）や親族にその判断を任せるのが実情**です。

## ●家族や親族がいない場合の終末期の医療の選択

では、家族や親族がおらず、終末期で本人に意識がない場合はどうなってしまうのでしょうか。

この場合、入院をする際に身元保証人となった人に相談がいくケースがほとんどです。身元保証人がきちんと終末期の医療の方針に関する意思表示を代弁してくれるよう、事前に準備をしておくことが重要です。

## 【いざという時の意思表示宣言書】

　終末期の医療の方針に関する意思表示を代弁してもらうためには、下記のような「いざという時の意思表示宣言書」というものを公正証書で作成をするのが一般的です。

---

### 医療、介護に関する
### 「いざという時の意思表示」宣言公正証書

　○○（以下「私」という。）は、別に私の生活の支援や医療等の手配及び財産管理に関し、委任契約と任意後見契約を結びましたが、万が一の場合にそなえて私を支えている方々に以下の要望と希望を宣言します。この宣言は、私の精神が健全な状態にあるときにしたものであります。したがって、私自らが、撤回しない限り、これを尊重してください。もちろん、財産等からして可能な限りでお願いします。

---

▶いざという時の意思表示宣言書に記載されている事項

○助かる見込みがないと判断された場合、最期の場所はどこを希望するのか？
○最期を迎える際、付き添いを希望するのか？
○呼吸状態が悪くなった時、気管切開等を行うのか？
○血圧が低下した際、昇圧剤を投与するのか？
○食事が入らない時、胃ろうを創設するのか？
○延命につながる手術を希望するのか？
○心臓が止まった時、心臓マッサージを希望するのか？

## ●医療の判断と後見人

　成年被後見人が、入院する場合の契約や手続きを後見人が行うことは良くあります。ところが、手術を行うなどの身体に侵襲を加える医療行為について、行うかどうかを判断する代理権はないとされています。

　代理する権限はないものの実際の現場では、後見人の他に家族や親族がいない場合には、後見人が病院側から手術をするかしないかの判断を求められるため、実務的に悩ましい問題となっています。

第8章 終活に関する生前契約

# 葬儀供養に関する生前契約

**これが理解できればOK!!**

▶ 法的な権限のない方が、亡くなった方の財産から葬儀費用を支払ってしまうと、厳しく言えば横領！
▶ 葬儀の生前契約のニーズが高まってきている！

## ●葬儀費用の支払に関する諸問題

皆さんは、ご自身が亡くなった時、誰が葬儀費用を支払ってくれるのか考えたことがありますか？

よくあるお困りごととしては、親族のいらっしゃらない方が、葬儀費用の支払いを知人や介護ヘルパーさんに、「何かあったらこの通帳から支払って下さい。」と口頭でお願いしてしまうケースです。

亡くなった財産（相続財産）は、法律上は相続人（妻・子等）に帰属しますので、この残った財産から葬儀費用を勝手に支払ってしまうと、**厳しく言えば横領**となってしまうのです。

知人や介護ヘルパーさんに迷惑がかからないよう、しっかりとした準備をしておくことが大切です！

## ●広がる葬儀の生前契約

左記のようなお困りごとを解決する手段の1つとして、「葬儀の生前契約」というものが広がりつつあります。

これは身近な方に迷惑をかけないよう、生前の内にご自身で「葬儀社や葬儀プランの指定」、「納骨先の指定」をしておくという制度です。きちんと体制が整っている法律家の事務所では、信託口座を通じて、将来の葬儀費用を預けておくことができます。

## ●具体的な手続きの流れ（葬送支援あんしんパック12）

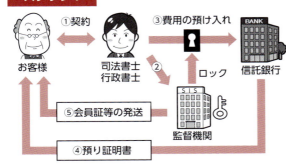

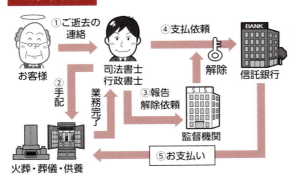

第8章　終活に関する生前契約

135

# 6 死後事務委任契約

> **これが理解できればOK!!**
> ▶ 死後の事務は意外と多くて幅広い
> ▶ 法律で決められた人しかできない場合も
> ▶ 生前に専門家へお願いしておくことができる

## ●死後事務委任契約とは？

　死後事務委任契約とは、**ご自身が亡くなった後のさまざまな事務手続きを、第三者へ依頼することができる契約**です。遺産の名義変更のような相続手続きとは異なり、ご自身が亡くなった後の手続きとは、具体的には葬儀費用の支払い、役所への届け出や手続き、医療費の支払いなどがあります。例えば、知人や介護ヘルパーさんに「私が何かあったときの支払いはこの通帳からお願いします」と口頭でお願いしていたとしても、死後の事務手続きはとても厳格で、法的な権限の無い人が行うと問題になる可能性があります。ご自身の死後、こういった事務手続きを依頼する人がいない場合や、家族はいるが疎遠、家族にはなるべく負担や迷惑をかけたくないといった場合には、身近な人や専門家と生前に死後事務委任契約を結んでおくとよいでしょう。

### 【死後の事務手続きの主な具体例】

**【供養葬儀】**
・死亡診断書の手配
・火葬許可証の手配
・葬儀社の手配
・葬儀供養の日程連絡
・納骨または埋葬

**【費用の支払い】**
・入院費用
・葬儀費用
・火葬費用
・埋葬費用
・光熱費、携帯電話料金

**【住居・遺品整理】**
・住居や施設の家財処分対応
・明け渡し確認
・修繕費やハウスクリーニング費用の確認
・ライフライン（電気、水道、ガス、新聞等）の解約手続き

## ●死後事務委任契約でできることは？

　死後事務委任契約の内容は、自由に決めることができます。例えば、「葬儀の手配や納骨に関しては家族におこなってほしいが、家財の処分など住居に関することまで家族には迷惑かけたくない」という場合には、＜住居・遺品整理＞の部分のみ委任契約の内容とすることができます。

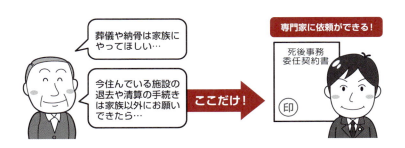

　死後事務委任契約を専門家に依頼する場合、依頼先は司法書士や行政書士などの法律の専門家になります。死後の事務手続きは一生に何度もある手続きではもちろんありませんので、一般の方ではとまどうことも多い手続きになりますが、行政書士などの法律家はこういった手続きに関しても精通していますので安心して委任をすることができます。

司法書士や行政書士へ生前に死後の事務を依頼することで漠然と抱えていた不安や心配事を解消しましょう。

コラム
# 死後事務委任契約の対象となる手続きとは？

　死後に必要な手続きは想定していた以上に多いです。生前のライフスタイルによって異なりますが、手続きができず関係者に迷惑がかからないよう、死後事務委任契約で全ての内容を網羅するように作成しておきましょう。

### ●葬儀供養
・死亡診断書の手配　・火葬許可証の手配　・葬儀社の手配（身元引取り）　・葬儀社に依頼、斎場との調整　・関係者への連絡（指定がある場合）　・葬儀供養の日程連絡　・葬儀（火葬）の立会い　＊必要な場合は収骨　・納骨または埋葬

### ●費用の支払代行
・入院費用の支払い　・葬儀会社への支払い　・火葬場で火葬料の支払い
・埋葬費用（永代供養料）の支払い　＊指定の霊園や寺院
・光熱費、携帯電話料金等の一切の支払い　＊未払い分や請求分の対応

### ●住居の明け渡し、遺品整理
・住宅や高齢者施設の家財処分対応（業者選定・見積確認）＊部屋の立会い　・遺品整理業者の作業中立会い、貴重品の確認　・明け渡し確認　・修繕費、ハウスクリーニング費用の確認　・電気、ガス、携帯電話等のライフライン解約手続き

### ●行政手続き
・健康保険証（後期高齢者医療保険証）の返納　・葬祭費の請求　・払いすぎた医療保険料、医療費の返還請求　・年金受給停止手続き（年金事務所）　・未支給年金受給手続き　・介護保険料の返納手続き　・マイナンバーの返納手続き　・身体障害者手帳の返納手続き　・払いすぎた介護保険料の返納請求

### ●その他の手続等
・クレジットカードの解約手続き　・各種会員カード等の解約手続き　・換価可能な貴重品等がある場合、遺言執行手続きに引き継ぎ　・クレジットカードの利用残高や未払い費用等の確認、遺産からの精算手続き　・相続人や関係親族への報告　・監督団体への業務完了報告

●執筆者プロフィール

**行政書士法人 オーシャン**
行政書士 **鎌田 昂伺**

大手司法書士法人・土地家屋調査士法人にて登記業務の経験を積んだのち、2013年行政書士法人オーシャンに入所。相続分野以外にも許認可申請や会社設立もこなすオールラウンダー。特に専門とする生前対策や身元保証分野では、的確かつ親身なアドバイスにより顧客の信頼も厚く、追加の依頼を受けることも少なくない。オーシャンでも若手ながら渋谷支店の支店長を務める。

# 第9章 身元保証と施設の入居

1 身元保証の問題とは
2 身元保証と生前契約
3 身元保証を依頼する会社の選び方

# 1 身元保証の問題とは

**これが理解できればOK!!**

▶ 身元保証人がいないと介護施設に入れない
▶ おひとり様や子供のいない夫婦は要検討
▶ 民間サービスで身元保証が行われている

## ●こんな時に身元保証人を求められる

　近年、配偶者や親しい親族がおらず一人暮らしをしている方や、子供がいても関係性が悪く疎遠になっている方より、身元保証人を誰にも頼めないという相談を多く受けるようになりました。このことは、親族間の結びつきが希薄になり、子供のいない家庭や熟年離婚する夫婦が増えた現代において、今後一層大きな問題になる可能性を孕んでいます。実際こんな場面で身元保証人を求められます。

①有料老人ホームやサービス付高齢者住宅等の施設に入居する時

入所の際には身元保証人を決めておかないと入所できない場合がほとんどです。

②病気やケガで入院する時

入院患者に万が一のことがあった時の連絡先として、病院側は誰が身元保証人であるかを入院時に必ず確認します。
緊急時の医療の判断についても身元保証人が行うこととなります。

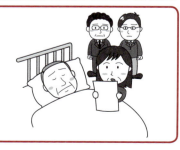

### ③本人がお亡くなりになった時

死亡確認と葬儀の手配は身元保証人の仕事になります。身元保証人は死後の手続等、全ての対応を求められます。

## ●身元保証人が見つからない…

配偶者や兄弟が元気なうちは相互で身元保証人となっていたとしても、この先どうなるかは分かりません。実際下記のような方々から身元保証人を求める声が上がっています。

**おひとり様**
- 生涯独身の方
- 離婚されている方
- 兄弟と関係性が悪い方
- 兄弟が亡くなっている方

**子供のいない夫婦**
- 将来、どちらかが先になくなると、おひとりさまになってしまう方

**配偶者以外の身元保証人が必要なことも**

民間の有料老人ホームなどは、「身元保証人」と同時に「連帯保証人」の記入を求められます。身元保証人には、70歳以上の方、年金収入の方などは、なれない場合が多いのです。

**身元保証人がいない人に向けて、身元保証を代行する民間サービスが増えています！**

身元保証人がいないからといって、ホームの入居や入院を諦めるという訳にはいきません。その問題を解決するため、専門家による身元保証をサポートする動きが年々高まってきています。次のページより仕組みを詳しくお伝えします。

# 2 身元保証と生前契約

### これが理解できればOK!!

▶ 身元保証人が行うことは多岐にわたる
▶ 第三者が身元保証人になるためには事前に様々な契約を結ぶことが不可欠

## ●身元保証人の仕事とは

ここ数年、身元保証人を誰にも頼めない人に対して、身元保証を行う民間企業のサービスが充実してきました。依頼者としては一刻も早く身元保証欄にサインをしてほしいと希望されるかもしれませんが、身元保証人になると多くの責務を負うことになります。具体的に身元保証人はどのようなことを行うのか確認していきましょう。

### 老人ホーム等の入居時

① 運営懇談会の対応
② 薬剤師からの薬の報告
③ 小口の補充
④ ケアマネからケアプランの確認
⑤ 入院の手配や病院の付き添い連絡等

### 病院入院時

① 入院の手続き代行、頭金の支払い
② 医師との面談
③ 手術の同意
④ 終末期の方針確認
⑤ 医師とともに死亡確認
⑥ 身元引き取り等

### 死後事務

① 葬儀の手配
② 納骨と霊園の手配
③ 葬儀・供養・医療費の支払い
④ 老人ホーム部屋片づけと業者見積の手配
⑤ 年金停止の手続き等

**親族関係がない第三者が身元保証人になる場合、事前に多くの準備が必要となります！**

知らなかったわ。身元保証人ってサインするだけじゃないのね。

## ●身元保証を始めるために必要な契約

　第三者が身元保証人を行うためには、依頼者といくつかの契約書を交わし、事前にとり決め事を確認しなければいけません。例えば依頼人の入院費用を身元保証人が代わりに払うとしても、契約を交わしていなければ依頼人の財産を動かすことはできないのです。認知症になった時にも滞りなく手続きができるように、また亡くなった後には依頼人が望む葬儀の形を実現できるようにと、依頼人と話し合い準備をしておきます。

### 【身元保証を始めるために必要な契約】

**任意後見契約**
認知症等で本人の意思能力が低下したときに身元保証人が任意後見人を務められるように契約を交わします。

**事務委任契約**
入院の手続きや要介護認定の要請等、日々の契約関係を代行するために結びます。

**財産管理契約**
介護施設への支払いや、年金受領の手続等財産管理を行うための契約です。

**いざという時の意思表示宣言（公正証書）**
終末期のケアの希望や、延命措置の方法など本人がどのようにしたいかを記した宣言書です。

**公正証書遺言**
本人の死後、残った財産を誰にどのように分配するかを記した遺言書を準備します。

**死後事務委任契約**
葬儀をどのように執り行うか、どこに埋葬するかなど本人の意思を記し、誰に依頼するかを明記した契約書です。

**契約書を交わすことは今後の人生プランを考えること**
上記の契約書は依頼者の人生プランによって中身の内容が異なります。本人の意思能力が低下すると、希望を伝えられなくなるため、身元保証をお願いする機会によくよく考えておきましょう。

　聞きなれない契約書を理解し、何となくこなしていたことに対して向き合わなければならないため、第三者に身元保証人を頼むのは大変だと思われる人もいるかもしれません。しかし、依頼人の希望を叶えるためには上記の契約を行うことが不可欠なのです。

# 身元保証と依頼する会社の選び方

**これが理解できればOK!!**
▶ 身元保証人は慎重に選んで
▶ 公正証書で契約を結ばない団体に要注意
▶ 遺産を運営費用に充てている団体も

## ●安易に身元保証契約を結んではならない!?

　自分が元気なうちは、身元保証人が必要になる場面は少ないかもしれません。しかし、転倒し体が不自由になったため介護施設での生活が必然となった、風邪をこじらせ入院せざるをえなくなったなど、多くの人が予期せず突然必要に迫られているのです。その時に焦って身元保証を頼める民間サービスを探すと、大抵あまり検討せずすぐに身元保証人にサインをしてくれるところを選んでしまいがちです。しかし、近年新たに出来たサービスのため料金体系など、不明瞭な点が多い団体も多くあります。選ぶ際には以下の点に注目してください。

【身元保証会社を選ぶ基準】

### ①身元保証人が行えることを明確にし、きちんと公正証書で契約を結んでいること

　何も契約を締結せず、今すぐに身元保証人になれますよと謳っている団体は要注意です。困っている人にとっては一見親身なように思えますが、依頼後、何もしてくれない可能性が高いです。
　前ページでお伝えした契約を交わさないと第三者の立場として、依頼者が希望するようなサービスを法律上行うことができません。

## ②依頼者が亡くなった後の手続きも行ってくれること

　死後の手続きは契約の範囲外としている団体は多いです。死後の手続きは多岐にわたり、葬儀の手続きや、医療費の精算、相続手続等、専門家でなければできないような仕事もあります。そのため採算が合わないと、最初から依頼を受けないようにしている団体もあるのです。

　死後事務委任契約を依頼者と結んでいないと、周囲の方にお困りごとを残して亡くなることになります。

## ③遺産の一部を身元保証会社に寄付することを前提としたサービス内容でないこと

　依頼者の善意を利用した団体も存在します。例えば、安価にサービスを始められることを売りにし、代わりに死後に残った財産の一部や全部を団体に寄付するよう契約を求めてくるパターンなどです。お世話になったからと納得してしまう人が多いのですが、団体は適正以上の報酬を得ています。

　こうした団体には、金銭トラブルが付きまとうため、大手老人ホームでは、身元保証人として指定できない場合もあります。

　また受任者への信頼を深めるという点でも、財産管理契約を任意後見契約の前段階として始めることに意味があります。財産管理契約の段階では身体に不自由があったとしても、判断する力には問題がないので、受任者が意に沿った行動をしてくれるかどうかを確認できます。

第9章　身元保証と施設の入居

**参考 終活に関する契約の流れ**

　終末期の半年～1年間の手続きや身の回りのサポートは、平均50～100時間。そして逝去後の手配や手続きは、4～6ヵ月で平均50～100時間。通常、家族や親族にお願いするこうした身の回りのことを、誰にお願いするか、事前にきちんと確認しておきましょう。

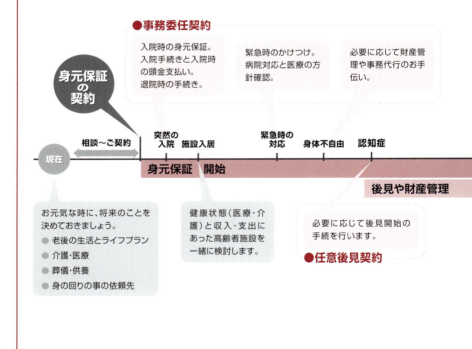

●医療、介護等に関する
「いざというときの意志表示」宣言

入院の手続き、各種の
お手伝い。医師との医療
方針の確認。

●死後事務委任契約

契約している葬儀社
のプランにて火葬の
手配。火葬・収骨後に
供養の手配(納骨)。

●財産管理契約

葬儀・供養の終了後
に信託口座から費用
のお支払い指示。

| 終末期の入院 | | ご逝去 | 火葬 | 供養 | 葬儀供養の精算 | | 業務完了 |

死後事務手続き

相続手続き(遺言執行)

開始

医師とともに死亡確認。
必要に応じて親族への
連絡。
身元引き受け手配。

● 死亡届と火葬埋葬手続き
● 年金手続きと介護保険関連手続き
  各種還付手続き
● 施設の解約、遺品整理
● 各種サービスの解約手続き
● 親族等の対応

●死後事務委任契約

● 戸籍収集    ● 相続関係図
● 財産調査と目録作成
● 最後の医療費や賃料など、負債と
  請求の対応
● 遺言書で指定された先に経費を
  精算のうえ、お振込み

●公正証書遺言

第9章 身元保証と施設の入居

147

# 現代の葬儀供養

1 多様化する葬儀
2 改葬と様々な納骨方法

# 1 多様化する葬儀

**これが理解できればOK!!**

▶昔は一般葬のみだが今は葬儀も種類がある
▶料金だけで安易に直葬を選ばないように
▶今は自分自身で葬儀を考える時代

## ●今は葬儀も選ぶ時代

　昔ながらの家制度も時代と共に変化を遂げ、今では親族間の結びつきも弱くなっている家族も多いのではないでしょうか。特に都心部では核家族化が進み、親戚一同で集まる機会もほとんどなくなっています。そのような背景を元に、葬儀業界でも現代のニーズに合った葬儀の形が新たに生まれています。大きく以下の3つの形式に分けられます。

**【葬儀の形式】**

### ①直葬（火葬式）

お通夜や告別式を行わない形式です。病院等で亡くなったのち、葬儀社等で安置（24時間以上）してから火葬場へ運ばれます。別名火葬式とも呼ばれます。

●火葬場は30分単位。お別れの時間も10〜15分。
●参列者はごく少数の近親者のみ
●費用相場は20〜25万円

### ②家族葬

斎場などでお別れ会を家族で行ったうえで火葬場へ行きます。主に近親者のみで行い、知人や近隣の弔問客は参加しない葬式です。

●最近は1日で行う場合が多い
●一般的には3〜10名程度
●費用相場は40〜60万円

③一般葬

一般的に、通夜、焼香、通夜振る舞い、告別式、火葬、収骨という流れで執り行います。昔からある葬儀の形です。

- 通常は通夜・告別式を2日間かけて行う
- 葬儀によって参加者は様々。
  一般家庭は20～50名程度
- 費用相場は80～120万円

**安易に直葬を選ばないように！**
費用相場としては一番安い直葬ですが、その分お別れの時間も短く、参列者の人数も限られますので、後々故人の親族や友人から偲ぶ時間がとれなかったと不満や苦情が来るかもしれません。

## ●自分自身で葬儀をプランする

　全てを遺族に任せるのではなく、自分で葬儀を計画したいと考える方が近年増えてきました。実際、近親者は悲しみの中、短い時間で葬儀の準備を進めていかなければなりません。そのような負担をかけたくないという思いから、葬儀社と生前契約を結ぶ人もいます。

　またエンディングノートを準備しておくことも大切です。誰を呼んで欲しいのか、どのような葬儀にしたいのかなどを書き記しておくことにより、本人の希望に沿った葬儀を執り行うことができるでしょう。昔は一般葬しかなかった葬儀の形式ですが、今は宗教にとらわれず、故人の好きな曲で旅路を見送る音楽葬など本人の個性を反映したオリジナルのものも可能となってきています。ご自身が望む形を考えてみるのも良いかもしれません。

葬儀を執り行なってくれる近親者がおらず、親しい知人に頼む予定という場合「死後事務委任契約」は必ず結んでおいてください。詳しくは136ページで。

第10章　現代の葬儀供養

# 2 改葬と様々な納骨方法

**これが理解できればOK!!**
▶ 改葬とはお墓の引越しのこと
▶ 納骨方法にも様々な種類がある
▶ 墓の引き継ぎがいない人の納骨方法も

## ●お墓を継ぐことが難しい

長男が家長を引き継ぐ時代において、お墓も長男が当たり前のように守っていくものだと伝えられていました。しかし現代ではその考え方も薄れ、地方から離れて都会に永住する若者も増加した結果、墓を守る人がいないということが大きな問題となっています。また都市部にお墓があったとしても、宗教色あるお墓を望まず、「改葬」を選択する家族も増えています。今、お墓や供養の形は、徐々に変わりつつあります。

### 【改葬とは？】

改葬とは…お墓の引越しすることです。
遺骨を移動し、お墓をお寺や管理団体に返します。
様々な事情により保つことが難しくなったお墓を、別の場所や、別の供養の方法に変えることが目的です。

➡ 例えば、このような人が改葬を選んでいます

- ●生まれ故郷から別の場所に生活基盤を移し、お墓を維持することが難しくなった。
- ●先祖代々の墓を守ってきたが、引き継ぐ人がいなくなってしまった。
- ●宗教色が強い寺に墓を持っていたが、檀家として今後も支払う費用を負担に感じている。

そんな簡単に改葬を出来るものなのかしら？

一番大切なことは、次にお墓をどこに移すかということです！

第10章 ▷▷▷ 現代の葬儀供養

## ●様々な納骨方法

諸事情より「改葬」を選ぶ場合、遺骨をどのように供養すべきかを決めなければいけません。現代では、供養の方法にも様々な選択があります。

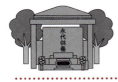

**【永代供養墓】**
お墓参りをすることができない状況であっても、寺院や霊園が代わりに供養してくれる埋葬方法です。永代といっても契約期間はある程度定められています。

**【公営霊園】**
都道府県や市で管理する霊園です。宗教や国籍の制限がない霊園がほとんどです。民営霊園よりも永代使用等、安い場合が多いため、抽選に当選しないと使用できないこともあります。

**【菩提寺のお墓】**
先祖代々のお墓がある寺のことを菩提寺といいます。寺によって宗派が定められており、基本的には檀家として、寺の活動を支えていく立場になります。離檀時には費用が掛かることも。

**【樹木葬】**
一般的に、墓石の代わりに樹木をシンボルツリーとして、その周囲に遺骨を埋葬する方法です。永代供養墓と比べられることが多く、後継ぎがいない人も霊園等が管理してくれるので安心して利用できます。

**【海洋散骨】**
海に遺骨を散骨して弔う方法です。墓を持たない形になります。「亡くなった後は自然に還してほしい」という本人の希望を叶える供養の形として、近年注目されつつあります。

ライフスタイルの変化により、葬儀や供養の仕方は「個」の意志を反映するものとなりました。お墓に関しても持つべきなのか、別の形式をとるべきかと、個々の判断を求められる時代になりつつあるのです。

**コラム**

# 葬儀費用の平均額は
# 140万5,000円以下

　葬儀費用の平均額は、どのくらいなのでしょうか。マスコミや葬儀情報サイトなどで多く用いられているのは、一般財団法人「日本消費者協会」が実施している「葬儀についてのアンケート調査」結果です。最新の第11回調査（2016年実施）の葬儀費用の平均額は195万7,000円でした。

　しかし、これを平均額として用いるのは、ちょっと疑問です。調査の回答者数が少ないからです。回答者数は491人で、2016年の死亡者数130万人の0.038％でしかありません。

では、葬儀費用の平均額として、どの調査データを用いればよいのでしょうか。それは、経済産業省が葬儀会社を対象に実施している「特定サービス産業動態統計調査」です。この調査に回答している葬儀会社の事業所数は、全事業所数の3割位を占めており、回答率は他の調査より圧倒的に高くなっています。

　2017年の調査対象事業所の葬儀の平均単価（＝消費者が負担する葬儀費用の平均額）は140万5,000円でした。この調査に協力している葬儀会社は、売上高が比較的好調なところが多いと思われますので、全葬儀会社の葬儀平均単価は、さらに低いと推定されます。

　ただし、日本消費者調査には、特定サービス産業動態調査には含まれていない「寺院への費用」が含まれています。これを除いた葬儀費用の平均額は152万円で、特定サービス産業動態統計調査の140万5,000円の方が約12万円低くなっています。

●執筆者プロフィール

終活・葬送ジャーナリスト　**塚本 優**

早稲田大学法学部を卒業後、時事通信社などを経て2007年、葬祭を事業領域とした鎌倉新書に入社。月刊誌の編集長などを務める。2013年、フリーの葬送ジャーナリストとして独立。葬祭・終活・シニア関連の専門情報紙やポータルサイトを中心に記事を寄稿している。

巻末付録

# 専門家紹介

# 専門家の選び方

## ▶士業事務所におけるサービスの品質

　同じ料理であっても、お店によって美味しい、美味しくないと評価が分かれるように、士業事務所が提供するサービスの質も各事務所によって異なります。

　サービスの質とは目に見えないものであるため、外から事務所のホームページを眺めているだけでは分からず、実際にその事務所に依頼をしてみないと分からないのが現状です。

　そこで相続遺言生前対策支援機構（SIS）は、「SIS規格認証」という高品質なサービスに対して、それにふさわしい評価が受けられる制度的な枠組みを創設しました。

①スタンダード認証

②アドバンス認証

③プレミアム認証

## ▶SIS規格認証とは？

　相続遺言生前対策支援機構（SIS）では、「相続遺言業務」「財産管理・身元保証業務」において、当支援機構の定めるサービス品質の基準（安心して依頼できるかどうか）に適合する事業者に認証を与えて、安心の体制を有する事を証明しています。

　依頼者が国家資格者に相談する際に、安心の基準として参考にすることができます。

# 【SIS規格認証（スタンダード認証）】

ご参考までに「SIS 規格認証（スタンダード認証）」のチェック項目を掲載します。

| 大項目 | 項目 | 詳　細 |
|---|---|---|
| 情報公開 | WEB | 独自のHPを所有し、「事務所名、代表者名、所在地、お問い合わせ先」を明記している |
| | WEB | 独自のHPを所有し、「営業時間、土曜・日曜・祝日に関する営業方針」を明記している |
| | 料金 | HP上で「料金体系・相談対応日時 等」を明記している |
| | 料金 | 報酬が業務内容ごとに具体的に設定されている |
| | 料金 | 報酬と実費・消費税の取扱いを明確に記載している |
| | 料金 | 過度に低料金での報酬設定や現実的ではない商品設定など、誤解を招くような表現をしていない |
| | 料金 | 「相続登記は司法書士、相続税は税理士など」独占業務に基づいた適切な料金表示をしている |
| 運営体制 | 受付 | お客様がお電話で気軽にお問い合わせができるように専用ダイヤルを用意している |
| | 受付 | お問い合わせフォームを設け、メールでのお問い合わせに対応している |
| | 相談 | 初回の無料相談から対応している。初回相談で、費用を請求することは無い |
| | 相談 | お客様がサービスを理解しやすいように相続や遺言・生前対策に関するパンフレット等のツールを作成している |
| | 相談 | 相談室と執務室を明確に分けており、お客様が安心して相談できるスペースがある |
| | 相談 | 何らかの理由により来所が難しいお客様に対して、無料で出張相談を実施している |
| | 相談 | 無料相談を平日の夕方、土曜など、お客様のニーズに合わせて実施している |
| | 相談 | 最寄駅あるいはバス停より徒歩10分以内に相談室を構えている。あるいは相談室付近に駐車場を備えている。 |
| | 相談 | ご相談内容をお客様がご自宅に持ち帰って検討できるように、ご相談内容についてまとめた資料をお渡ししている |
| | 業務 | お客様から依頼された業務に関して、月1回の目安で進捗報告ができる |
| | 業務 | 税理士・弁護士・司法書士などの専門家と連携し、税務・紛争・登記などの相続案件に対応できる体制がある |
| | コンプラ | 過去1年間に重大な違反を犯し、行政処分などを受けていない |
| | コンプラ | 法令遵守で運営を行っている |
| | コンプラ | お客様の個人情報を含む、全ての情報を適切に管理している |
| | コンプラ | 特に重要な情報（遺言書の原本、通帳 など）は、貸金庫で保管している |
| 組織体制 | 接遇 | 4S運動（整理・整頓・清潔・清掃）の徹底 |
| | 接遇 | お客様の満足度を把握するためアンケート等を実施している |
| | 接遇 | 接遇力向上のため、ビジネスマナーや電話対応の研修を必ず実施している |
| | 接遇 | お客様のご来所を明るく元気に笑顔でお出迎えしている |
| | 研修・等 | 従業員のスキル向上のため、定期的に研修や勉強会を実施している |
| | 研修・等 | 顧客満足の向上と業務効率化のため、PDCAを実施し具体的な策を講じている |
| | 研修・等 | 会社の方針や現状を全従業員が把握するため、定期的に会議やミーティングを行っている |

北海道

# 司法書士法人・行政書士 第一事務所

**TEL:0120-481-310**　　　http://www.souzoku-sapporo.net/

### 道内で圧倒的な実績
### 相続相談実績3,000件！

『相続』という誰もが直面することを避けられない、悲しく大きな問題。これまで関わることのなかった『司法書士』、『行政書士』などの専門家を、それを契機に初めてお探しになる方も数多くいらっしゃいます。しかし、『どの士業に何を依頼すればよいのかわからない』『どんな手続きが必要なのかすらわからない』と不安の声が寄せられています。当事務所は司法書士をはじめとする法務プロ集団です。皆様の不安を少しでも多く取り除き、複雑で煩わしい相続手続を少しでも早く解決へ導くことができるならば、相続に携わる者としてこれほど嬉しいことはありません。札幌、地下鉄大通駅直結という好立地ですのでお気軽にご相談ください。

### 取扱い分野

相続全般／相続人調査／相続財産調査／遺産分割協議書作成／預貯金、株式等の解約・名義書換え／不動産名義変更／相続放棄／遺言書作成／遺言執行／成年後見開始の申立て／民事信託（家族信託）

### 専門家紹介

**司法書士 行政書士　田澤 泰明**

相続手続きは多くの方が経験するお手続きですが、その煩雑さや複雑さは意外に周知されておりません。大切なご家族を失われた悲しみの中でお手続きを進められる相続人のため、真摯に対応させていただきます。各資格者・スタッフと協力し、皆様にとって気軽で便利な役立つ事務所にしたいと思います。

**司法書士　工藤 皓也**

少しずつ、生前の財産の整理や、認知症に備えた各種契約締結など、生前対策・認知症対策が広まっているのを感じています。
「どうしたらいいのかわからない」。そんなご相談者様のお力になりたいと考え、日々研鑽に努めています。お気軽にご相談ください。

### information

| | |
|---|---|
| 事業所名 | 司法書士法人第一事務所<br>行政書士第一事務所 |
| 所属情報 | 札幌司法書士会所属<br>北海道行政書士会所属 |
| 登録番号 | 司法書士　第242号<br>行政書士　第09011897号 |
| 代表者名 | 司法書士 行政書士　田澤 泰明 |
| 所 在 地 | 〒060-0042　北海道札幌市中央区<br>大通西4丁目1 道銀ビル7階 |
| 営業時間 | 平日：9時00分 ～ 17時00分 |

福島

## ベストファーム司法書士法人・行政書士法人・税理士法人

TEL:0120-165-246　FAX:024-937-3061　http://www.fukushima-souzoku.com/

**創業25年、相続相談実績8000件以上
土・日・祝日も無料相談実施中**

相続手続きや相続税申告の結果は経験が左右します。ベストファームグループでは、福島県内トップクラスの実績をもつ相続・遺言書の専門家が多数在籍しておりますので、お客様にとって最適なアドバイスが可能です。また、お客様の気持ちに寄り添い、わかりやすく丁寧な対応で安心してご相談いただけるよう心掛けております。

### 取扱い分野

相続／遺産分割協議／遺留分侵害額請求／相続人調査／相続財産調査／遺産分割／協議書作成／預貯金、株式等の解約・名義書換え／不動産名義変更／相続登記申請／不動産登記追加／相続放棄／限定承認／遺言書作成／遺言執行／相続税申告

### 事務所

郡山店／いわき店／石川店／東京本店
※税理士法人は郡山店、東京本店のみ

#### information

| | |
|---|---|
| 事業所名 | ベストファーム司法書士法人<br>ベストファーム行政書士法人<br>ベストファーム税理士法人 |
| 所属情報 | 福島県司法書士会／東京司法書士会<br>福島県行政書士会／東京行政書士会<br>福島県税理士会／東京税理士会 |
| 登録番号 | 司法書士　第11-00158号（主たる事務所）<br>行政書士　第1001606号（主たる事務所）<br>税理士　　第2981号（主たる事務所） |
| 代表者名 | 司法書士　斉藤 浩一<br>行政書士　鴻野 恵理<br>税理士　　比佐 善宣 |
| 所在地 | グループ本社：〒963-0107<br>福島県郡山市安積三丁目101番地 |
| 営業時間 | 9時00分～19時00分<br>土・日・祝日も営業（石川店のみ日曜定休） |

### 専門家紹介

**税理士　比佐 義宣**

ベストファーム税理士法人は、年間100件以上の相続税申告実績がある「相続税申告に強い」税理士法人です。
地方では相続税に注力する事務所が少ない中、福島県を中心に相続税申告業務の他、贈与、譲渡、さらに生前対策など様々な資産税関連サービスを提供しています。

**行政書士　鴻野 恵理**

私達ベストファームグループは、司法書士・行政書士・税理士など法律の専門家をはじめ、不動産や保険に精通したアドバイザーにより構成されるプロフェッショナル集団です。預貯金の解約から不動産名義変更、遺産分割協議書の作成や不動産の売却まで、相続手続きのワンストップサポートが可能です。

山形

# 冨田行政書士事務所

TEL:023-685-2131　FAX:023-685-2132　http://www.aaa-tomita.com/

## お客様目線の安心対応で30年

行政書士、ファイナンシャルプランナーとしての経験を活かし、相続手続、生前対策、定年後の終活アドバイスを中心として活躍。分かりやすく、安心できる対応力が魅力です。明るく誠実な人柄で安心して任せられます。

相続相談で年間３００件を超える安心の実績。何よりも心から「ありがとう」と感謝できる事務所です。

### 取扱い分野

・相続手続一式（戸籍収集、相続人・相続財産調査、遺産分割協議書、預貯金解約・払戻手続きなど）
・遺言書作成、遺言執行
・民事（家族）信託、事業承継
・任意後見契約、財産管理等委任契約、死後事務委任契約
・交通事故被害者救済の自賠責請求・後遺障害等級認定申請
・建設業許可・産業廃棄物収集運搬許可申請

### 専門家紹介

**特定行政書士　冨田 貞彦**
一人でも多くの方々のお役にたちたい！
ご縁あって冨田行政書士事務所に関わって下さるご相談者の問題を解決して喜んでいただきたい！この一心でご相談を受けているとのこと。是非声をかけてみてください。
1990年 行政書士事務所　開設
2000年 ファイナンシャルプランナー（AFP）
2013年 NPO法人相続アドバイザー協議会　上級アドバイザー
2016年 特定行政書士
2017年 （一社）コスモス成年後見サポートセンター山形県支部長
2018年 （一社）家族信託普及協会家族信託専門士
2018年 相続支援センター株式会社　設立　代表取締役就任

### information

事業所名 ▶ 冨田行政書士事務所
所属情報 ▶ 山形県行政書士会
登録番号 ▶ 行政書士　第90071457号
代表者名 ▶ 特定行政書士　冨田 貞彦
所 在 地 ▶ 〒990-2161
　　　　　山形県山形市漆山730-6
営業時間 ▶ 9時００分 ～ 18時００分
　　　　　休業日：日曜日・祝日

宮城

# High Field司法書士法人・ハイフィールド税理士法人

TEL:0120-489-022　　https://souzoku-guide.com/

## 司法書士と税理士が連携して相続問題を解決！

仙台・宮城の相続に関するお悩みを、司法書士と税理士が連携して解決しています。遺言書の作成や贈与の手続といった生前の相続対策から、不動産の名義変更、預貯金の解約手続、相続税の申告などといった亡くなった後の手続まで、馴染みが少なく専門性が高い手続を、士業グループの強みを活かして解決しています。グループ内には相続に強い弁護士もいるため、遺産分割協議がまとまらないという方も安心です。
士業グループの強みを活かしたレベルの高い問題解決を提供しています。

### 取扱い分野

相続手続／相続税申告／遺産分割協議／相続人調査／相続財産調査／遺産分割／遺産分割協議書作成／預貯金の解約／株式等の名義書換え／不動産の名義変更／相続登記申請／相続放棄／限定承認／遺言書作成／遺言執行／遺言書の検認／成年後見開始の申立て／任意後見契約書作成／相続対策／民事信託／家族信託／事業承継／贈与登記／贈与税／相続時精算課税

### information

事業所名 ▶ High Field司法書士法人
　　　　　 ハイフィールド税理士法人
所属情報 ▶ 宮城県司法書士会　宮城第746号
　　　　　 東北税理士会　第122670号
代表者名 ▶ 司法書士　高野 和明
　　　　　 公認会計士・税理士　田中 康治
所 在 地 ▶ 〒980-0802　宮城県仙台市青葉区
　　　　　 二日町13番22 カルコスビル
　　　　　 司法書士法人 404号、税理士法人 301号
営業時間 ▶ 平日・土曜 9時00分 〜 17時30分

### 専門家紹介

**司法書士　高野 和明**

High Field 司法書士法人では、これまで多くの相続手続をお手伝いしてきました。
司法書士と税理士が一体となってお手伝いできる点について、多くのお客様に評価していただいております。仙台での相続のことなら、High Field 司法書士法人にお任せください。

**公認会計士 税理士　田中 康治**

毎年数多くの相続に関連する税務の相談をお受けしております。そのためどのようなご相談でも対応させていただきます。またグループ内の弁護士・司法書士・行政書士とも連携しまして、税務以外のご相談もスピーディーに対応いたします。お気軽にご相談下さい。

群馬

# 司法書士・行政書士事務所リーガルポート

TEL:0120-918-653　FAX:027-280-7456　https://www.maebashi-souzoku.net/

**地域密着の専門家
出張相談にも対応しております**

当事務所は、群馬県前橋を中心に、相続、遺言書の作成、遺産分割、生前対策、民事信託に関するサポートをお客様の立場に寄り添い、親身にサポートさせていただいております。

足が悪いので相談に行くのは大変な方、相談したいが事務所への足が無くお困りの方には、出張相談での対応もしております。前橋から３０分から１時間ほどにお住まいの方もどうぞお気軽にお問い合わせください。

## 取扱い分野

相続／遺産分割協議／遺留分侵害額請求／相続人調査／相続財産調査／遺産分割／協議書作成／預貯金、株式等の解約・名義書換え／不動産名義変更／相続登記申請／不動産登記追加／相続放棄／限定承認／遺言書作成／遺言執行／遺言書の検認／成年後見開始の申立て／民事信託（家族信託）

## 専門家紹介

**司法書士 行政書士　齊藤 真吾**

私どもは、身近な法律手続きの専門家として、地域の方々のお役に立てればと日々研鑽を重ねております。地域の頼れる身近な司法書士・行政書士として、一人でも多くのお客様の"お役に立つこと"を第一に運営しております。

### information

| | |
|---|---|
| 事業所名 | ▶司法書士事務所リーガルポート<br>　行政書士事務所リーガルポート |
| 所属情報 | ▶群馬司法書士会<br>　群馬県行政書士会 |
| 登録番号 | ▶司法書士　第495号<br>　行政書士　第1214973号 |
| 代表者名 | ▶司法書士 行政書士　齊藤 真吾 |
| 所 在 地 | ▶〒379-2102<br>　群馬県前橋市下大屋町６９１番地 |
| 営業時間 | ▶平日：９時００分 ～ １９時００分<br>　予約制(土日相談対応) |

新潟

# にいがた県央 司法書士事務所

TEL:0256-53-5030　FAX:0256-53-5031　http://kenoh-sihousyoshi.com/

三条、加茂の県央エリアから新潟、長岡まで
相続、遺言、成年後見、家族信託のご相談は
私達にお任せ下さい

当事務所は平成１０年に新潟県加茂市で開設以来、加茂市、三条市、田上町などの県央地域を中心に、とりわけ、相続や遺言、成年後見、財産管理業務に関するご相談を多数お受けしており、解決までサポートして参りました。疎遠になっていたご家族が、当事務所の手続きを通じて再び仲良くおつきあいを始められたとお知らせいただいた際は、この仕事をやっていて本当によかったと切に思います。今後ますます多様化する法的ニーズに対応すべく、「家族信託」、「遺産整理業務」など新しい業務分野にも積極的に取り組み、当事務所に相談してよかったと実感していただけるよう、進取の精神で研鑽を積んで参ります。
どうぞお気軽にご相談ください。

## 取扱い分野

相続手続／相続放棄／相続人調査／相続財産調査／遺産分割協議書作成／預貯金、株式等の解約・名義変更／不動産名義変更（相続登記）／生前贈与／遺言書作成／遺言執行／成年後見申立・就任／任意後見契約書作成・就任／家族信託／老人ホームのご紹介／各種セミナー講師

## information

事業所名▶にいがた県央 司法書士事務所
所属情報▶新潟県司法書士会
登録番号▶司法書士　第500号
代表者名▶司法書士　田辺 俊樹
所 在 地▶〒959-1352　新潟県
　　　　　加茂市上町7番10号
営業時間▶平日：9時00分～18時30分
　　　　　土日祝日対応可　要予約

## 専門家紹介

**司法書士　田辺 俊樹**

終活カウンセラー、相続アドバイザー、家族信託専門士、老人ホーム入居コンサルタントの資格を活かし、「お一人様問題」「親亡きあと問題」などの地域のご高齢者とそのご家族の「お悩み」を「笑顔」に変えるお手伝いをしています。
相続、遺言、成年後見、家族信託等に関するセミナー講師も数多くお請けしていますのでお気軽にご用命下さい。

**司法書士　加藤 笑**

身近な人を亡くされて、残されたご家族は様々な不安や心配事を抱えていらっしゃることでしょう。その不安や心配事を少しでも早く取り除けるよう、ご相談に乗らせていただきます。また、金融機関や証券会社といった面倒な相続の手続きをお手伝いさせていただくことで相続人のご負担を減らし、相談をしてよかったと思っていただけるよう、業務を行って参ります。

千葉

# 司法書士法人ふらっと

TEL:0120-054-489　FAX:0476-37-8282　https://www.chiba-souzoku.net/

## 地域密着の親しみやすい司法書士

司法書士法人ふらっとでは、成田市・四街道市と千葉県内に2事務所を構え、チーム一丸となって『あなたの街の法務ドクター「ふらっと」』を理念に、地域に密着し皆さまの相続のお悩みをともに解決してまいりました。最近は、家族信託・遺言・贈与といった、生前対策のご相談が非常に増えています。

より良い相続に向けた準備は生前対策から。相続に関するお悩み事がございましたらお気軽にご相談ください。

### 取扱い分野

相続／遺産分割協議／遺留分侵害額請求／相続人調査／相続財産調査／遺産分割・協議書作成／預貯金、株式等の解約・名義書換え／不動産名義変更／相続登記申請／不動産登記追加／相続放棄／限定承認／遺言書作成／遺言執行／成年後見申立／家族信託

### 事務所

成田事務所／四街道事務所

### 専門家紹介

**司法書士　菊地 裕文**

今までの経験を生かし、成田の司法書士なら菊地だ、と皆様から信頼されるよう努力していきたいと思っております。今までの司法書士像とは一味違う、親しみやすい司法書士を目指しております。
どんなご質問でも結構です。どうぞ皆様お気軽にご相談下さい。

**司法書士　川嶋 智世**

四街道事務所の所長として、相続問題・生前対策のご相談をお受けしております。お客様目線で、できるだけ分かりやすい言葉で説明することを心がけています。抱える問題は人それぞれですが、お客様に寄り添い、一緒に問題を解決できたときの喜びはとても大きなものがあります。皆様のご来所をお待ちしております！

### information

事業所名 ▶ 司法書士法人ふらっと
所属情報 ▶ 千葉司法書士会
登録番号 ▶ 司法書士　第912号
代表者名 ▶ 司法書士　菊地 裕文
所 在 地 ▶ 成田事務所：〒286-0014
　　　　　千葉県成田市郷部1252番地
営業時間 ▶ 平日：9時00分 ～ 18時00分

東京

# 弁護士法人法律事務所オーセンス

TEL:03-3585-2666　FAX:03-3585-2667　https://souzoku.authense.jp/

すべての依頼者に最良のサービスを。
賃貸・不動産・相続トラブル、
何でもご相談ください。
「不動産×相続」ならオーセンス！

弁護士法人法律事務所オーセンスは、高度な専門性が求められる相続、不動産、離婚、交通事故、刑事事件などの個人法務、また、顧問弁護士、知的財産権などの企業活動に求められる多様な企業法務にお応えできる総合法律事務所です。
相続、不動産、明渡訴訟においては、これまでに蓄積した専門的知見を活用し、年間2500件を超える多様な法律問題を迅速かつ的確に解決しています。

## 取扱い分野

相続／遺産分割協議／遺留分侵害額請求／相続放棄／限定承認／民事信託／遺言書作成／遺言執行／遺言書の検認／遺言無効確認／成年後見開始の申立て／不動産法務／家賃滞納・建物明渡訴訟／離婚／交通事故／労働問題／B型肝炎訴訟／刑事事件／刑事告訴・告発／犯罪被害／企業法務／顧問弁護士／知的財産権

## 事務所

六本木／東京／新宿／北千住／横浜／千葉／大阪

### information

事業所名 ▶ 弁護士法人法律事務所オーセンス
所属情報 ▶ 第二東京弁護士会
代表者名 ▶ 元榮 太一郎（もとえ たいちろう）
所 在 地 ▶ 六本木オフィス
　　　　　〒106-0032
　　　　　東京都港区六本木4-1-4 黒崎ビル7階
営業時間 ▶ 平日9:30～20:00（土日のご相談も承ります）

## 専門家紹介

**弁護士　森田 雅也**（東京弁護士会所属）
年間1000件を超える多様な法律問題を解決に導いている現場主義に徹した相続×不動産法務を主に取り扱う弁護士。
謙虚かつ柔軟な人柄はご相談者様、ご依頼者様からの信頼も厚く、全国各地で開催される相続・不動産セミナーも毎回好評を得ている。

**弁護士　木村 光伸**（大阪弁護士会所属）
適切かつ迅速な解決にこだわる訴訟・調停を多く取り扱う弁護士。
これまで担当した調停は100件、訴訟は1000件を超える。
担当した事件は、判例関係情報や法的時事を紹介する「判例時報」や、会社法分野における判例教材「会社法判例百選 第3版」にも掲載される。

東京
神奈川

# 行政書士法人・司法書士法人オーシャン

TEL:0120-822-489　FAX:045-548-9173　https://ocean-souzoku.com/

**東京・神奈川でトップクラスの実績
安心の無料相談センター**

年間900件を超える相続手続きや遺言書、成年後見や生前対策に関する業務を担当しております。
私どもオーシャングループでは、同業の司法書士・行政書士・税理士に対して、難易度の高い相続手続き・遺言書作成をレクチャーしている事務所でもあります。取り扱い件数が多いほか、難易度の高いご相談が多く持ち込まれますので、結果として高い問題解決スキルを有していることが特徴です。

## 取扱い分野

相続／遺産分割協議／遺留分侵害額請求／相続人調査／相続財産調査／遺産分割／協議書作成／預貯金、株式等の解約・名義書換え／不動産名義変更／相続登記申請／不動産登記追加／相続放棄／限定承認／遺言書作成／遺言執行／遺言書の検認／成年後見開始の申立て／民事信託（家族信託）

## 事務所

横浜本店／湘南藤沢支店／渋谷支店

### information

| | |
|---|---|
|事業所名|行政書士法人・司法書士法人オーシャン|
|所属情報|神奈川県行政書士会 第11090687号<br>神奈川県司法書士会 第1717号|
|代表者名|行政書士　黒田 美菜子<br>司法書士　山田 哲|
|所在地|横浜本店：〒220-0011<br>神奈川県横浜市西区高島2丁目14番17号クレアトール横浜ビル5階|
|営業時間|平日：9時00分〜20時00分<br>土曜：9時30分〜17時00分|

## 専門家紹介

**行政書士　黒田 美菜子**

日本でも屈指の相続・遺言専門の行政書士事務所として雑誌やメディアからの取材をいただく。
特に遺言書の作成においては、年間150件超の実績があり、県内はもとより国内でもトップクラスの実績を誇る。

**司法書士　山田 哲**

遺言書作成、相続関連業務における不動産登記業務などにおいて、国内でも有数の相続専門の司法書士法人として成長する。
現在、大手保険会社や大手不動産会社と業務提携を結ぶほか、金融機関経由で不動産オーナー様の不動産管理法人のお手伝いなど、総合的なサポートを担当する。

東京
神奈川
埼玉

# ランドマーク税理士法人

TEL:0120-48-7271　FAX:045-263-9731　https://www.zeirisi.co.jp/

**全13拠点（駅近）で安心の無料相談！**
**実績は、相談17,000件以上！**
**相続税申告4,000件超！**

ランドマーク税理士法人の一番の強みは、都市農家・地主・経営者の皆様の経営・存続支援にあります。
私たちランドマーク税理士法人は、これまで培ってきた相続問題や不動産経営に関する高いコンサルティング力を発揮し、お客様の相続・資産運用などを力強くバックアップいたします。

## 取扱い分野

相続・事業承継対策支援／相続手続き支援、相続税申告／資産税コンサルティング／税務調査対策支援／決算、確定申告（個人・法人）／セミナー開催

## 事務所

東京丸の内事務所／新宿駅前事務所／池袋駅前事務所／町田駅前事務所／タワー事務所／横浜駅前事務所／横浜緑事務所／川崎駅前事務所／登戸駅前事務所／湘南台駅前事務所／朝霞台駅前事務所／ランドマーク行政書士法人 中山事務所／ランドマーク行政書士法人 鴨居駅前事務所

### information

事業所名▶ランドマーク税理士法人
所属情報▶東京地方税理士会　横浜中央支部
法人番号▶第1606号
代表者名▶税理士　清田 幸弘
所 在 地▶タワー事務所：〒220-8137
　　　　　神奈川県横浜市西区みなとみらい2丁目
　　　　　2番1号 横浜ランドマークタワー37階
営業時間▶平日：9時00分～19時00分
　　　　　土曜：9時00分～18時00分
　　　　　日・祝：10時00分～17時00分
　　　　　※一部例外日あり

## 専門家紹介

**税理士**
**立教大学大学院客員教授**
**清田 幸弘**

1962年 神奈川県横浜市生まれ。明治大学卒業。
横浜農協(旧横浜北農協)に9年間勤務、金融・経営相談業務を行う。資産税専門の会計事務所勤務の後、1997年、清田幸弘税理士事務所設立。
その後、ランドマーク税理士法人に組織変更し、現在13の本支店で精力的に活動中。急増する相談案件に対応するべく、相続の相談窓口「丸の内相続プラザ」を開設。
また、相続実務のプロフェッショナルを育成するため「丸の内相続大学校」を開校し、業界全体の底上げと後進の育成にも力を注いでいる。
2019年4月より立教大学大学院客員教授就任。

167

静岡

# 司法書士法人・行政書士事務所みらいふ

TEL:0547-30-4010　FAX:0547-30-4140　http://www.souzoku-shizuoka.info/

### 静岡を中心に あんしんのサポート

私共は、静岡を中心に相続や遺言に関するお手伝いをしております。相続手続きは、手続きが複雑である上に、人間関係も絡んでくるとさらにややこしくなるケースもあります。また、相続は突然起こるものですので、精神的にも肉体的にも疲労がある中、膨大な手続きと向き合わなければなりません。相続手続きが進まない、相続の中に、負債・借金があってどうしたらいいかわからない、といったことでお困りの方に、経験豊富な相続の専門家である私共が、お客様に寄り添ってお客様の悩み一つ一つに向き合い、しっかりとサポートさせていただきます。

## 取扱い分野

相続／遺産分割協議／遺留分侵害額請求
相続人調査／相続財産調査
遺産分割協議書作成
預貯金、株式等の解約・名義書換え
不動産名義変更
相続登記申請／不動産登記追加
相続放棄／限定承認
遺言書作成／遺言執行

### 専門家紹介

**司法書士 行政書士　小寺 敬二**

【みらいふ】が目指すものは単なる手続き代行や法律的解決だけではありません。 もちろん、法律による解決は大前提ですが、ご依頼人それぞれの生活がよりよいものになるよう、新たな生活の始まりのお手伝いをさせていただくことがいちばん大事であると考えています。ご依頼人とともに悩み、問題を見つけ、解決していく事務所でありたいと思っております。
みなさまの生活が「真の笑顔にあふれたもの」になるよう、微力ながら、事務所スタッフ全員でとりくんでまいります。

## information

| | |
|---|---|
| 事業所名 | 司法書士法人みらいふ<br>行政書士事務所みらいふ |
| 所属情報 | 静岡県司法書士会<br>静岡県行政書士会 |
| 登録番号 | 司法書士　第557号<br>行政書士　第11171921号 |
| 代表者名 | 司法書士 行政書士　小寺 敬二 |
| 所 在 地 | 〒427-0111<br>静岡県島田市阪本１３２３番地の１４ |
| 営業時間 | 平日：９時００分 ～ １７時００分<br>土日、平日夕方以降も、予約対応しています |

愛知

# 川﨑税理士事務所

TEL:0120-008-240　FAX:052-973-3904　https://www.souzoku-aichi.jp/

**人生100年時代を生きる。
長生きすることが、本当に幸せで
あるために。**

川﨑税理士事務所は、「相続対策」「認知症対策」に力を入れている税理士事務所です。認知症とその予備軍の割合は、65歳以上の方の4人に1人と言われており、どなたにとっても起こりえます。とても身近な病気なのです。

大切なご家族が認知症になってしまったその日から、ご本人とご家族には、多くの困難が次々と降りかかってくるでしょう。例えば65歳で認知症になった場合、100歳まで生きれば35年間続くことになります。その間、認知症になった方の財産が凍結されたままでやっていけるでしょうか。

円満で幸せな相続・終活対策はお客様一人ひとり異なります。現状と対策がわかれば、心配は解消することができます。私たちはお客様のお気持ちを第一に考えてご提案いたします。

## 取扱い分野

- 相続対策／事業承継対策／相続税シミュレーション
- 家族信託（認知症に対応できる相続対策）
- 遺言書作成／遺言執行手続き

### information

事業所名 ▶ 川﨑税理士事務所
所属情報 ▶ 名古屋税理士会
　　　　　愛知県行政書士会
登録番号 ▶ 税理士　第104775号
　　　　　行政書士　第07191099号
代表者名 ▶ 税理士 行政書士　川﨑 利男
所 在 地 ▶ 〒460-0002　愛知県名古屋市中区丸の内3-7-26 ACAビル4F
営業時間 ▶ 平日：9時00分 ～ 18時00分

## 専門家紹介

**税理士 行政書士　川﨑 利男**

1967年愛知県生まれ。現在取り扱う相続関連の案件数は年間100件にのぼり、相続税務・相続税申告案件をサポートするエキスパート。経験を生かした丁寧でわかり易い説明がモットー。お客様からも「わかり易い」と好評を得ている。節税だけではない、「親の想い」を実現できる相続、「争族」にならないための円満な相続を、相続のプロがしっかりとサポート。

奈良

# 平方司法書士・行政書士事務所

TEL:0120-324-575　FAX:0742-32-4556　https://nara-souzoku.com/

## 相続・成年後見・家族信託・遺言のことならお任せください

当事務所は平成17年に開業してから、今年で14年目を迎えることができました。

当事務所では、高齢化社会のニーズに応えるべく、相続手続（遺産整理業務）や生前対策（家族信託、成年後見、遺言など）をはじめとした業務を幅広く取り扱っております。

今後も、より市民に近い身近な法律家として、皆さまのお役に立てるように日々精進して業務に取り組んでまいります。

お悩みのことやお困りのことがございましたら、お気軽にご相談ください。

### 取扱い分野

相続手続（相続人調査・相続財産調査・遺産分割協議書作成・預貯金や有価証券の解約、名義変更・不動産の相続登記）・遺産承継業務、遺言、民事信託（家族信託）、成年後見（法定後見・任意後見）、死後事務、身元保証、相続放棄、生前贈与

### 専門家紹介

**司法書士・行政書士・民事信託士　平方 貴之**

当事務所での相続の相談件数は、累計１２００件を越えており、お陰さまで多くの皆さまにサービスを提供してまいりました。お客さまの抱えるさまざまなお悩みを、最適な方法で、少しでも多く解決することができればと考えております。
安心してご相談ください。

**行政書士　稲冨 裕子**

上智大学の法学部 法律学科を卒業した後、約１０年間法律事務所に勤務いたしました。
その後、平成２５年行政書士試験合格し、平成３０年５月当事務所入所いたしました。お客様の良きパートナーとしてお役に立てるようご相談に対応しております。

### information

事業所名 ▶ 平方司法書士事務所
　　　　　平方行政書士事務所
所属情報 ▶ 奈良県司法書士会所属
　　　　　奈良県行政書士会所属
登録番号 ▶ 司法書士　奈良第３２８号
　　　　　行政書士　第05280816号
代表者名 ▶ 司法書士 行政書士　平方 貴之
所 在 地 ▶ 〒630-8115　奈良県奈良市大宮町
　　　　　6丁目1番地の10　松井ビル4階
営業時間 ▶ 平日：９時００分 ～ １９時００分

## 京都

# 司法書士法人・行政書士法人 F&Partners

TEL:0120-256-771　FAX:075-255-6328　http://www.souzokuigon.jp/

### 年間1800件を超える相続相談に対応しております

相続・遺言に関する手続きは、一生のうちに何度もある手続きではありません。手続き自体が難しく複雑な上に、多額の財産が動くことも多く専門的な法律の知識を必要とされることもあります。

相続手続きの中で間違った判断をしてしまうことで、故人の意に反して親族間のトラブルに発展する事もあります。私たちは、京都・滋賀・大阪・東京・長野を中心に遺産相続・遺言書に関する総合的なお手伝いを初回の無料相談から対応させていただきます。

### 取扱い分野

相続／遺産分割協議／遺留分侵害額請求／相続人調査／相続財産調査／遺産分割／協議書作成／預貯金、株式等の解約・名義書換え／不動産名義変更／相続登記申請／不動産登記追加／相続放棄／限定承認／遺言書作成／遺言執行

### 事務所

京都事務所／大阪事務所／滋賀事務所／東京事務所／長野事務所

### information

事業所名 ▶ 司法書士法人・行政書士法人 F&Partners
所属情報 ▶ 京都司法書士会　第29-00010号
（主たる事務所）京都行政書士会　第1603301号
代表者名 ▶ 司法書士　山下　富美夫
　　　　　行政書士　新井　秀和
所 在 地 ▶ 〒604-8162　京都市中京区七観音町623番地第11 長谷ビル5階　他
営業時間 ▶ 平日：9時00分 ～ 18時30分
　　　　　土日祝：9時30分 ～ 18時00分

### 専門家紹介

**司法書士　仁井 勝之**
京都・滋賀・大阪・東京・長野で多数の相談実績を誇る当グループでは、税理士や弁護士などの専門家と連携して安心・納得の遺産相続サービスを実現させていただきます。

**行政書士　新井 秀和**
遺産相続とは、亡くなった方の遺産（土地・建物、預貯金、その他）や、すべての権利義務（債権など）の一切の法的地位が、法定相続人に引き継がれることを言います。
「いつまでに手続きをする必要があるのか」が法律で定められていますので、きちんとした順序で手続きを進めることが必要になります。お困りの際にはいつでもお問い合わせください。

大阪

# 司法書士事務所ともえみ

TEL:0120-976-328　FAX:06-6136-3435　https://www.tomoemi.co.jp/

**家族信託/おひとりさま支援なら
お任せください！
笑顔をひろげる司法書士事務所**

はじめまして。大阪駅前の司法書士事務所ともえみです。家族信託・後見・遺言・おひとりさま支援・生前贈与・遺産整理などの制度を駆使し、お一人おひとりにぴったりの解決策をご提案します。ご高齢者・女性お一人でも安心してご利用いただけるよう、スタッフは全員女性。セミナー開催実績１３０回超、NHKあさイチ出演などメディアでも注目の事務所です。法律を使って、お客様とそのご家族の「安心な老後」と「幸せな相続」実現をお手伝い。「老後の財産管理」と「相続対策」なら、私たち「ともえみ」にお任せください！

## 取扱い分野

◆生前対策（家族信託／任意後見／遺言／不動産活用／生命保険／生前贈与）
◆老後の安心（おひとりさま支援／後見人就任／身元保証／遺言保管）
◆死後の手続き（葬送支援／死後事務委任／お片付け／遺言執行）
◆相続の手続き（相続登記／遺産整理／預貯金・株式等の名義変更）
◆暮らしの安心（各種交流イベント・学習会、ともえみサロン運営）

### 専門家紹介

**司法書士 行政書士　山口 良里子**
1999年司法書士試験合格。2015年相続税改正、空家対策法の施行を受け、実家の片付け、認知症・相続対策としていち早く「家族信託」に注力。全国トップレベルの組成実績を誇る。実務法律家としての視点に加え、不動産活用、税務、心理面を総合的に判断する、実践的な問題解決が得意。2009年大阪市きらめき企業賞受賞。

### information

事業所名 ▶ 司法書士事務所ともえみ
所属情報 ▶ 大阪司法書士会・行政書士会
登録番号 ▶ 司法書士　第2622号
　　　　　　行政書士　第11260903号
代表者名 ▶ 司法書士 行政書士　山口 良里子
所 在 地 ▶ 〒530-0001　大阪府大阪市北区梅田1-11-4大阪駅前第4ビル12階
営業時間 ▶ 平日 9時00分 〜 20時00分
　　　　　　土日祝　無料相談会実施中！

## 和歌山

# クローバー司法書士事務所・ブルーバード行政書士事務所

TEL:0120-440-968　FAX:073-423-7636　https://www.wakayama-souzoku.info/

**法律事務を通じて「人に笑顔を」を理念に「幸せづくり」のお手伝い**

当事務所では、『お客様との５つのお約束』として、以下の５項目を定め、お客様に安心してご利用いただける法務サービスを心掛けております。
①初回の無料相談
②費用の見える化
③手続の全体像とスケジュールの共有化
④定期的な報告と打合せ
⑤税理士、弁護士、土地家屋調査士との連携
また、地域に愛される事務所となるよう、地域活動を通じて、地域社会が、今、司法書士・行政書士に求める法務サービスとは何かを考え、新しい分野にも積極的に取り組んでいます。

### 取扱い分野

相続／相続人調査／相続財産調査／遺産分割協議書作成／預貯金、株式等の解約・名義書換え／不動産名義変更／相続登記申請／相続放棄／限定承認／遺言書作成／遺言執行／遺言書の検認／成年後見開始申立／相続財産（不在者財産）管理人選任申立／失踪宣告申立／遺留分侵害額請求／民事信託契約書作成

### information

事業所名 ▶ クローバー司法書士事務所
　　　　　ブルーバード行政書士事務所
所属情報 ▶ 和歌山県司法書士会
　　　　　和歌山県行政書士会
登録番号 ▶ 司法書士　第324号
　　　　　行政書士　第11290742号
代表者名 ▶ 司法書士 行政書士　井口 浩司
所 在 地 ▶ 〒640-8245　和歌山市有田屋町
　　　　　南ノ丁30番地 SkyTower
営業時間 ▶ 平日：9時00分 〜 18時30分

### 専門家紹介

司法書士 行政書士
米国公認会計士 法廷通訳
井口 浩司

大学卒業後、商社に就職しましたが、英語好きが高じて語学スクールに転職、在職中にアメリカの公認会計士（US.CPA）の資格を取得しました。
司法書士・行政書士の資格は、裁判所通訳の仕事を始めたことがきっかけで取得しました。
平成22年に、司法書士4名で、クローバー司法書士事務所を設立、翌23年に、行政書士3名で、ブルーバード行政書士事務所を設立し、現在に至る。

兵庫

# ひょうご税理士法人・まどか行政書士法人

TEL:0120-600-612　FAX:06-6429-2150　http://www.hyogo-souzoku.net/

### お客様の目線に立った『円満相続支援業』

平成元年8月に開業して以来、大阪、兵庫全域を中心に『円満相続支援業』をベースに、お客様に満足して頂ける仕事の積み重ねが私たちの成長の糧であると確信し、毎日業務に励んできました。

私たちは、相続税申告1,700件超えの実績をもとに、悔いのない安心の相続手続きや、気持ちが伝わる遺言書の作成、納得の相続税申告など様々な場面を通じて、これからもお客様のお役に立ちたいと考えております。

### 取扱い分野

相続税の申告／相続／遺産分割協議／遺留分侵害額請求／相続人調査／相続財産調査／遺産分割／協議書作成／預貯金、株式等の解約・名義書換え／不動産名義変更／相続登記申請／不動産登記追加／相続放棄／限定承認／遺言書作成／遺言執行

### 事務所

塚口本店／塚口支店／川西支店

### 専門家紹介

公認会計士・税理士・行政書士
妹尾 芳郎

私たちは、常に素直な心で、前向きに感謝の心を忘れずに、お客様のニーズと向き合っていきます。今後も、お客様との一期一会を大切にし、末永くお付き合いできるよう、お客様の目線に立った『円満相続支援業』を目指していく所存ですので、より一層のご支援の程よろしくお願い申し上げます。

### information

事業所名 ▶ ひょうご税理士法人
　　　　　まどか行政書士法人
　　　　　妹尾公認会計士事務所
所属情報 ▶ 日本公認会計士協会 兵庫会 第8115号
　　　　　近畿税理士会 第64102号
　　　　　兵庫県行政書士会 第6301668号
代表者名 ▶ 公認会計士・税理士・行政書士
　　　　　妹尾 芳郎
所 在 地 ▶ 塚口本店：〒661-0012
　　　　　兵庫県尼崎市南塚口町2丁目6番27号
営業時間 ▶ 平日： 9時00分～18時00分
　　　　　土日祝相談対応（要予約）

兵庫

# doors司法書士法人

TEL:0120-079-006　FAX:079-437-3552　https://www.kakogawa-souzoku.com/

**より多くのお客様のニーズに
より早く より正確に お応えします**

当事務所では司法書士と建築士、土地家屋調査士とが合同で活動しております。相続も会社の登記も、不動産の登記もはじめの相談窓口は全て専門家の司法書士が責任をもって立ち会います。もし、相談で調べごとなどありましてもダイレクトレスポンスで周辺知識を確認することが可能となります。その上で、さまざまな観点からトータルで見て何が最良の方法かを可能としております。

## 取扱い分野

不動産名義変更／戸籍収集／遺産分割協議書作成／預貯金解約／各種名義変更／遺言書作成／任意後見契約／所有権移転登記（売買・贈与）／相続放棄／成年後見申立／相続財産管理人、不在者財産管理人申立／遺言書検認申立／調停申立／不動産登記手続請求／贈与契約／賃貸借契約書／任意後見契約

## 事務所

神戸事務所／播磨事務所

## 専門家紹介

司法書士　正木 隆資

弊司法書士法人は、20年以上の実務経験を活かし、不動産登記を中心に商業登記その他裁判、財産管理業務など総合的に司法書士業務を取り扱う司法書士法人です。
私たちは、常に至誠をもって、親切、迅速かつ正確に、お客様の期待以上の法律サービスを提供していくことを日々心がけております。
そして、一人でも多くの人の悩みがなくなり、社会全体が明るくなることを目指して、日々精進しております。
貴方に、真心をもって接しますので、是非ともお付き合いのほど宜しくお願い申し上げます。

### information

事業所名 ▶ doors司法書士法人
所属情報 ▶ 兵庫県司法書士会
登録番号 ▶ 司法書士　第1174号
代表者名 ▶ 司法書士　正木　隆資
所 在 地 ▶ 神戸事務所：〒651-0084
　　　　　兵庫県神戸市中央区磯辺通二丁目2番10号 ワンノットトレーズビル 707
　　　　　播磨事務所：〒675-0144
　　　　　兵庫県加古郡播磨町北本荘三丁目2番5号
営業時間 ▶ 平日：9時00分 ～ 18時00分

広島

# 瀬川司法書士事務所

TEL:084-983-3434　FAX:084-983-3430　https://www.fukuyama-souzoku.com/

**頼れる街の司法書士を目指します**

私たちは『身近な法律手続きの専門家』として、広島・福山を中心とした地域の皆様方のお役に立ちたいと考えております。不動産の購入や抵当権の設定、遺産相続や遺言書の作成、会社の設立や役員変更など、普段、生活している中で皆さまの身の回りで起こる法律手続きを親身に無料相談から対応させていただきます。

私たちは敷居の高い法律家ではありません。笑顔で皆さまのご相談や手続き代行を担当させていただく、専門サービス業です。お客様のために、しっかりとお役に立ちながら、地域貢献と社員教育、雇用の継続、事業の継続、適正な利益の享受と適正な納税など、社会における役割を果たしていきたいと思います。

## 取扱い分野

相続／遺産分割協議／遺留分侵害額請求／相続人調査／相続財産調査／遺産分割／協議書作成／預貯金、株式等の解約・名義書換え／不動産名義変更／相続登記申請／不動産登記追加／相続放棄／限定承認／遺言書作成／遺言執行／遺言書の検認／成年後見開始の申立て／民事信託（家族信託）

## 専門家紹介

**司法書士　瀬川 貴夫**

神戸市出身。関西大学法学部を卒業後、兵庫県内の信用金庫に入社。平成22年に司法書士試験に合格。平成23年から広島市内の司法書士事務所で勤務。その後、平成26年に福山で独立開業。「今日できる事は今日やる！」を信条に、お客様のお役に立つべく業務に取り組んでいる。

## information

| | |
|---|---|
| 事業所名 | 瀬川司法書士事務所 |
| 所属情報 | 広島司法書士会 |
| 登録番号 | 司法書士　第954号 |
| 代表者名 | 司法書士　瀬川 貴夫 |
| 所 在 地 | 〒720-0065　広島県福山市東桜町2番11号 福山センタービル5階 |
| 営業時間 | 平日：9時00分～19時00分　予約制(土日相談対応) |

香川

# 司法書士・行政書士 香川法務事務所

TEL:0120-965-714　FAX:087-802-3018　https://www.souzoku-kagawa.jp/

### 香川県で安心の遺産相続・遺言書・民事信託のネットワーク

当事務所は、香川県高松市を中心に遺産相続・遺言書・民事信託に関して、司法書士・行政書士、税理士、弁護士とのネットワークを構築しており、どのようなお困り事でも専門家のネットワークで対応できるように体制を整えております。

昨今注目されている民事信託についても実績を数多く保有しており、全国の司法書士・行政書士・弁護士などに講演する活動もしております。

相続遺言、民事信託でお困りでしたら香川法務事務所へご相談ください。まずは初回の無料相談をご活用ください。

### 取扱い分野

相続／遺産分割協議／相続人調査／相続財産調査／遺産分割／協議書作成／預貯金、株式等の解約・名義書換え／不動産名義変更／相続登記申請／贈与登記申請／相続放棄／限定承認／遺言書作成／遺言執行／民事信託、家族信託

### 専門家紹介

**司法書士 行政書士　門馬 良典**

当事務所では、相続遺言、民事信託の業務に力を入れ、初回の無料相談から高松市の方々のお困り事を親身にサポートさせていただいております。

初回の無料相談では「いつまでに」「何を」「どのようにすべきか」煩雑な相続手続きについてご案内させていただいております。

司法書士・行政書士、税理士、不動産鑑定士と連携しておりますので、大半の事案についてはお答え出来ます。お気軽にお問い合わせ下さい。

### information

| | |
|---|---|
| 事業所名 | 司法書士香川法務事務所<br>行政書士香川法務事務所 |
| 所属情報 | 香川県司法書士会<br>香川県行政書士会 |
| 登録番号 | 司法書士　香川第303号<br>行政書士　第14361674号 |
| 代表者名 | 司法書士 行政書士　門馬 良典 |
| 所在地 | 〒760-0029　香川県高松市丸亀町13番地3 高松丸亀町参番街東館6階 |
| 営業時間 | 平日：9時00分〜20時00分<br>土・日・祝対応(事前予約) |

徳島

# 司法書士法人小笠原合同事務所

TEL:0120-110-991　FAX:088-635-0204　https://www.tokushima-souzoku.com/

## 四国・阪神エリアで財産管理・資産承継のベストパートナーをめざす

「徳島相続遺言相談センター」を窓口とし、生前の財産管理、資産承継、家族信託・相続・遺言等の相談、コンサルティング業務に注力。古代「国生み神話」の舞台淡路島でつなぐ「四国・阪神エリア」で数多くの実績を積み重ねております。「人と法律のあいだに」をコーポレートスローガンに掲げ、お悩みの方が気軽に問い合わせいただける相談相手として、また各専門家（司法書士・行政書士・土地家屋調査士・ファイナンシャルプランナー・税理士・弁護士・不動産鑑定士等）とのつなぎ役として、迅速かつスムーズな解決に心がけております。

### 取扱い分野

生前の財産管理（成年後見・任意後見・家族信託・商事信託・財産管理契約）資産承継対策（遺産整理・遺産承継業務・遺言・家族信託・生前贈与・事業承継・遺言信託）おひとり様・親なきあと問題（見守り契約・死後事務委任契約・家族信託・遺言代用信託）預貯金・証券会社・不動産名義変更・不動産処分換金

### 事務所

徳島本店／鴨島事務所／海南事務所／西宮北口事務所

### information

| | |
|---|---|
| 事業所名 | 司法書士法人小笠原合同事務所 |
| 登録番号 | 徳島県司法書士会　第294号<br>徳島県行政書士会　第07370928号 |
| 代表者名 | 司法書士 行政書士　小笠原 哲二 |
| 所在地 | 徳島本店：〒770-0905<br>徳島県徳島市東大工町一丁目19番地 |
| 営業時間 | 平日：9時00分 ～ 18時00分<br>土曜：9時00分 ～ 17時00分 |

### 専門家紹介

**司法書士 行政書士**
**ファイナンシャルプランナー**
**小笠原 哲二**

常に相談者の立場にたち、資格の枠にとらわれないコンサルティングと解決策のアドバイスを心がけております。相談者ひとりひとりの置かれた状況や環境をお聞きして問題解決の糸口を探り、手続き支援を行います。

**ファイナンシャルプランナー**
**木内 脩策**

「人とお金」の専門家であるファイナンシャルプランナーの立場から、相談者のライフプランに沿ったアドバイスをこころがけ、司法書士・行政書士・税理士等の専門家へのつなぎ役として、お悩みの方のサポートを行います。

## 松山

# 司法書士法人 南海リーガル・西森淳一 行政書士事務所

**TEL:089-931-1240　FAX:089-931-1241　https://www.nankai-souzoku.com/**

### アットホームな事務所です

個人事務所ではありませんので、複雑な案件にも迅速に対応できる力を備えております。また、他の専門職とも連携しておりますので、様々な角度からの最適なアドバイスをご提供いたします。他の専門職のご紹介もさせていただきます。

一人一人との出会いを大切に、一回限りのご依頼ではなく、ちょっと困ったときにはいつでも相談いただけるような、身近な事務所を目指しています。

女性スタッフが多く、堅苦しくないアットホームな事務所ですので、リラックスして、気構え無く相談していただけます。お気軽にお問い合わせください。ご連絡をお待ちしております。

### 取扱い分野

相続／遺産分割協議／遺留分侵害額請求／相続人調査／相続財産調査／遺産分割／協議書作成／預貯金、株式等の解約・名義書換え／不動産名義変更／相続登記申請／贈与登記申請／相続放棄／限定承認／遺言書作成／遺言執行／民事信託、家族信託

### information

| | |
|---|---|
| 事業所名 | 司法書士法人 南海リーガル 西森淳一 行政書士事務所 |
| 所属情報 | 愛媛県司法書士会 愛媛県行政書士会 |
| 登録番号 | 司法書士　第554号 行政書士　第11392298号 |
| 代表者名 | 司法書士 行政書士　西森 淳一 |
| 所在地 | 〒790-0871　愛媛県松山市東一万町二番地　第三森ビル1F |
| 営業時間 | 平日：9時00分 ～ 17時00分 |

### 専門家紹介

**司法書士 行政書士　西森 淳一**

当事務所では、相続遺言業務に力を入れ、初回の無料相談からお客様のお役にたちたいと考えております。

当事務所の方針は、①法人の事務所としてお客様の手続きに迅速に対応すること、②お客様の目線にたったサービスを提供すること、③様々な専門家と連携してワンストップサービスを提供すること、④お客様が相談しやすいアットホームな雰囲気づくりを心掛けていること、です。

皆様のご要望にお答えできますよう自己研鑽を続け、皆様と共に成長できる事務所を目指しております。どうぞ、お気軽にご相談ください。

鹿児島

# 行政書士法人・司法書士事務所みらいず

TEL:0120-312-489　FAX:099-298-9577　https://www.kagoshima-souzoku.net/

**ワンストップサービスで課題解決を目指す、相続手続き強化型の事務所**

私どもは地域に密着した法務サポーターを目指し、相続のお手伝いをはじめ一人一人のお客様のお困りごとに寄り添って、ご納得のいく対応をさせていただいております。

お困りごと、お悩みごとをお持ちの方、どこに相談すれば良いかわからない方は是非お気軽にみらいずにご相談ください。

## 取扱い分野

遺言書（公正証書遺言、自筆証書遺言）の作成支援／遺言執行／遺産相続手続き（相続関係図の作成、遺産目録の作成、遺産分割協議書の作成）／不動産（土地・建物）の名義変更手続き／裁判所申立て書類作成援助（相続放棄、遺産分割調停、遺言書検認　等）／贈与契約書の作成／民事信託契約書の作成／法定後見人（補助・保佐・後見）の選任申立て／会社（法人）の登記

## information

事業所名 ▶ 行政書士法人みらいず
　　　　　司法書士事務所みらいず
所属情報 ▶ 鹿児島県行政書士会　第1800101号
　　　　　鹿児島県司法書士会
　　　　　代表司法書士　第816号
代表者名 ▶ 行政書士　高山 勇
　　　　　司法書士　宇都 明子
所 在 地 ▶ 〒892-0827
　　　　　鹿児島市中町10-2 加治屋ビル2階
営業時間 ▶ 平日： 9時00分～18時00分
　　　　　時間外、土日は事前予約にて対応

## 専門家紹介

**行政書士　高山 勇**
鹿児島市内の税理士事務所職員として約10年勤務する傍ら、行政書士・ファイナンシャルプランナー（FP）・宅地建物取引士の資格を取得。平成24年行政書士登録後、『相続』を心理・法律・税など多面的に捉え各士業と連携して横断的なアドバイスを心掛ける。民事信託にも積極的に取り組んでいる。
【資格等】CFP（国際資格）FP技能士一級（国家資格）、相続診断士、宅地建物取引士、証券一種外務員

**司法書士　宇都 明子**
鹿児島市内の法律事務所、司法書士事務所に勤務後、平成26年「てぃだ司法書士事務所」開所。平成27年行政書士登録。祖母の介護をしていた経験から特にご高齢の方とそのご家族のお悩みにお応えすることが喜び。
【資格等】司法書士簡裁訴訟代理等能力認定・特定行政書士・成年後見センター・リーガルサポート社員

沖縄

# 行政書士事務所ちむくくる

TEL:0800-777-3039　FAX:098-917-0522　http://www.okinawaso-zoku.com/

## 沖縄で幸せな相続のお手伝い

当事務所は「沖縄で幸せな相続のお手伝いをする」をモットーに、沖縄・那覇を中心に相続手続きや遺言書作成に関するお手伝いをしております。相続手続きは様々な法律が絡み合い、非常に複雑で手間がかかります。

当事務所では、お客様の目線にたってわかりやすい説明を心掛け、笑顔で親身にサポートしております。お陰様で相続手続きや遺言書の作成に関するお手伝いの実績件数は1000件を超えました。安心してご相談ください。

### 取扱い分野

◆生前対策（遺言／生前贈与・死因贈与／税対策／不動産活用／生命保険／家族信託／トートーメー相続対策）◆老後の安心（任意後見／後見人就任／身元保証／遺言保管）◆死後の手続き（葬送支援／お片づけ／死後事務委任／遺言執行／墓じまい支援）◆相続の手続き（相続人調査／財産調査／遺産分割協議書作成／軍用地相続／預貯金、株式等の解約・名義書換え／遺言執行／遺留分侵害額請求／相続税不足対応（金融支援等））◆その他遺産整理全般　◆相続セミナーや勉強会を開催

### information

事業所名▶行政書士事務所ちむくくる
所属情報▶沖縄県行政書士会
登録番号▶行政書士　第19471152号
代表者名▶行政書士　西山 貴子
所 在 地▶〒902-0068　沖縄県那覇市
　　　　　真嘉比2丁目37番7号　2階
営業時間▶9時～20時（平日）
　　　　　10時～17時（土日祝）
　　　　　※年末年始を除く年中無休です。
　　　　　※無料相談は事前に予約が必要です。

### 専門家紹介

**行政書士　西山 貴子**

「沖縄から相続の悩みを無くしたい…」そんな想いで日々お客様と接しています。ご相続の相談実績1000件超えの実績で、相続・遺言のお手伝い、ご相談を年中無休でお伺いしております。

当事務所は「沖縄から相続の悩みをなくし、幸せな人を増やす」ことがモットーです。相続の悩みは放置して解決することはほとんどありません。

ぜひ今すぐ当事務所の無料相談会にご予約いただき、幸せな人生への第一歩をふみ出してください！

専門家紹介　北海道　東北　関東甲信越　中部　近畿　中国　四国・九州　沖縄

## 著者・監修者紹介

●著者

### 黒田 泰（くろだ ひろし）

株式会社オーシャン　代表取締役
上級相続遺言アドバイザー®
一般社団法人 相続遺言生前対策支援機構　代表理事

一部上場経営コンサルティング会社出身。法律業界専門の経営コンサルティングを確立、その後2012年に独立開業。グループ内の司法書士法人・行政書士法人・社労士事務所・信託契約代理店・身元保証事業と連携して、年間900件を超える相続関連業務を取り扱う。生前対策の相談や自分自身の財産管理を安心して専門家に依頼できる体制を提供することを目的に2017年一般社団法人相続遺言生前対策支援機構を設立。介護・生命保険・IT関連の上場企業の法律・終活関連マーケティングのアドバイザリーを担当。

### 清田 幸弘（せいた ゆきひろ）

税理士・行政書士
立教大学大学院客員教授
ランドマーク税理士法人代表社員

横浜市の農家の長男として生まれ、横浜農協にて務めた後、1997年清田幸弘税理士法人を設立。現在ランドマーク税理士法人に組織変更をし、首都圏を中心とした13の本支店を運営する。当法人は相続問題や不動産経営に関して高いコンサルティング力を発揮し、2019年現在4000件の相続税申告の実績を誇る。自身の生まれと農協勤務経験を活かした問題解決の提案は、資産相続に悩む農家の人たちから大きな支持を受けている。

### 森田 雅也（もりた まさや）

弁護士。東京弁護士会所属。
2010年弁護士法人法律事務所オーセンス入所。

入所後、不動産法務分野の立ち上げに尽力し、年間1000件超の法律問題を解決に導いた業界有数の実績を残す。近年は不動産との関係が強い相続分野において、特に力を発揮し、多数のトラブル事案を解決。謙虚かつ柔軟な人柄からご依頼者様の信頼も厚い。「不動産×相続」という総合的視点でセミナー講師や執筆活動も行っている。

## 妹尾 芳郎（せのお よしろう）

公認会計士・税理士・行政書士
ひょうご税理士法人代表社員
1989年妹尾公認会計士事務所を開業。現在は相続分野を中心とし、ひょうご税理士法人、まどか行政書士法人と複数の士業事務所を運営している。「円満相続支援業」と『中小企業経営支援業』の2つのコンセプトをベースに、お客様の満足を長年追求してきた結果、地元の企業や、個人のお客様から多くの信頼を得ている。

## 石脇 俊司（いしわき しゅんじ）

株式会社経志舎代表取締役
一般社団法人民事信託活用支援機構理事
外資系生命保険会社、日系証券会社、外資系金融機関、信託会社を経て、2015年に民事信託を使った資産管理、財産承継対策のコンサルティング業務を行うため独立。同年、一般社団法人民事信託活用支援機構を設立に関与する。金融機関での豊富な経験を活かし、専門家と連携して企業オーナーや資産家に、民事信託の活用に向けた支援を提供している。

●監修者

## 元榮 太一郎（もとえ たいちろう）

弁護士。第二東京弁護士会所属
弁護士法人法律事務所オーセンス代表弁護士
2005年法律事務所オーセンスを設立。同年、オーセンスグループ株式会社（現　弁護士ドットコム株式会社）を立ち上げ、日本初の法律相談ポータルサイトである「弁護士ドットコム」の運営を始める。2014年には弁護士として初めて弁護士ドットコム株式会社を東証マザーズへの上場を果たす。

●監修

弁護士法人 **法律事務所オーセンス**（第二東京弁護士会所属）

| | |
|---|---|
| 竹中 恵（たけなか さとし） | 江藤 朝樹（えとう ともき） |
| 川口 真輝（かわぐち まさき） | 嶋田 葉月（しまだ はづき） |
| 亀山 大樹（かめやま ひろき） | 柳川 智輝（やながわ ともき） |

# 生前対策まるわかりBOOK

| 発行日 | 2019年11月16日　第1刷 |
|---|---|

| 定　価 | 本体1500円＋税 |
|---|---|
| 著　者 | 黒田泰／清田幸弘／森田雅也／妹尾芳郎／石脇俊司 |
| 監　修 | 元榮 太一郎 |
| | 弁護士法人 法律事務所オーセンス（竹中恵／江藤朝樹 |
| | ／川口真輝／嶋田葉月／亀山大樹／柳川智輝） |

| 発　行 | 株式会社 青月社 |
|---|---|
| | 〒101-0032 |
| | 東京都千代田区岩本町3-2-1 共同ビル8Ｆ |
| | TEL 03-6679-3496　FAX 03-5833-8664 |

| 印刷・製本 | ベクトル印刷 |
|---|---|

ⓒ Kuroda Hiroshi,Seita Yukihiro,Morita Masaya,Senoh Yoshirou,Ishiwaki shunji 2019 Printed in Japan

ISBN 978-4-8109-1330-9

本書の一部、あるいは全部を無断で複製複写することは、著作権法上の例外を除き禁じられています。落丁・乱丁がございましたらお手数ですが小社までお送りください。送料小社負担でお取替えいたします。